Christiane Kutik SPIELEN
MACHT KINDER STARK

Christiane Kutik S PIELEN
MACHT KINDER STARK

Verlag Freies Geistesleben

1. Auflage 2013

Verlag Freies Geistesleben
Landhausstraße 82, 70190 Stuttgart
www.geistesleben.com

ISBN 978-3-7725-2473-8

© 2013 Verlag Freies Geistesleben
& Urachhaus GmbH, Stuttgart
Fotos: Charlotte Fischer (Umschlag, S. 68, 168, 192);
iStock (S. 10, 14, 26, 34, 52, 90, 108, 126, 146)
Umschlag & Layout: Maria A. Kafitz
Satz: Bianca Bonfert
Druck und Bindung: DZA Druckerei zu Altenburg GmbH
Printed in Germany

VORWORT

VORWORT

Das Thema Spielen ist derart umfangreich – es umfasst im besten Falle das ganze Menschenleben, vom Babyalter bis zum Greis. In diesem Buch ist vor allem die erste Lebensspanne von Null bis zum Schulalter ins Blickfeld gerückt. In dieser kostbaren Zeit, in welcher der Mensch Wesentliches lernt, was ihm für sein ganzes Leben bleibt, ist das freie, eigenständige Spiel zum Aufbau einer individuellen Persönlichkeitsentwicklung unverzichtbar.

Konsumfülle, Reizüberflutung und die magische Wirkung der digitalen Welt prägen unseren Alltag. Damit die natürliche kindliche Spielfreude überhaupt noch möglich ist, braucht es den Erwachsenen mit einer bewussten Erziehungshaltung, der die kindliche Spielfreude wahrnimmt, zulässt und unterstützt. Die Anregungen in diesem Buch zeigen, wie dies gelingt.

Im Schulalter ist und bleibt das Spiel weiterhin wichtig für die persönliche Entwicklung und Stärkung. Ein Schulkind, das spielen kann – im freien Spiel, im Musikspiel, im Hobby, draußen in der Natur –, stärkt seine Lebenskräfte und hat ein wichtiges Gegengewicht gegenüber den elektronischen Medien.

Da Kinder im Schulalter nicht mehr so gerne auf übliche Spielplätze mit Wippe und Rutsche gehen und sich mangels reizvoller Spielräume eher drinnen aufhalten, wird es darauf ankommen, dass Erwachsene sich auch dann für freies, kindliches Spielen einsetzen und Initiativen entwickeln.

So wie Kinder heute spielen, so werden sie die Zukunft gestalten. Stärken wir unsere Kinder im freien, eigenständigen, kreativen Spiel, auf dass es eine von Fantasie und Kreativität sprudelnde Zukunft werde.

München, im Herbst 2013 *Christiane Kutik*

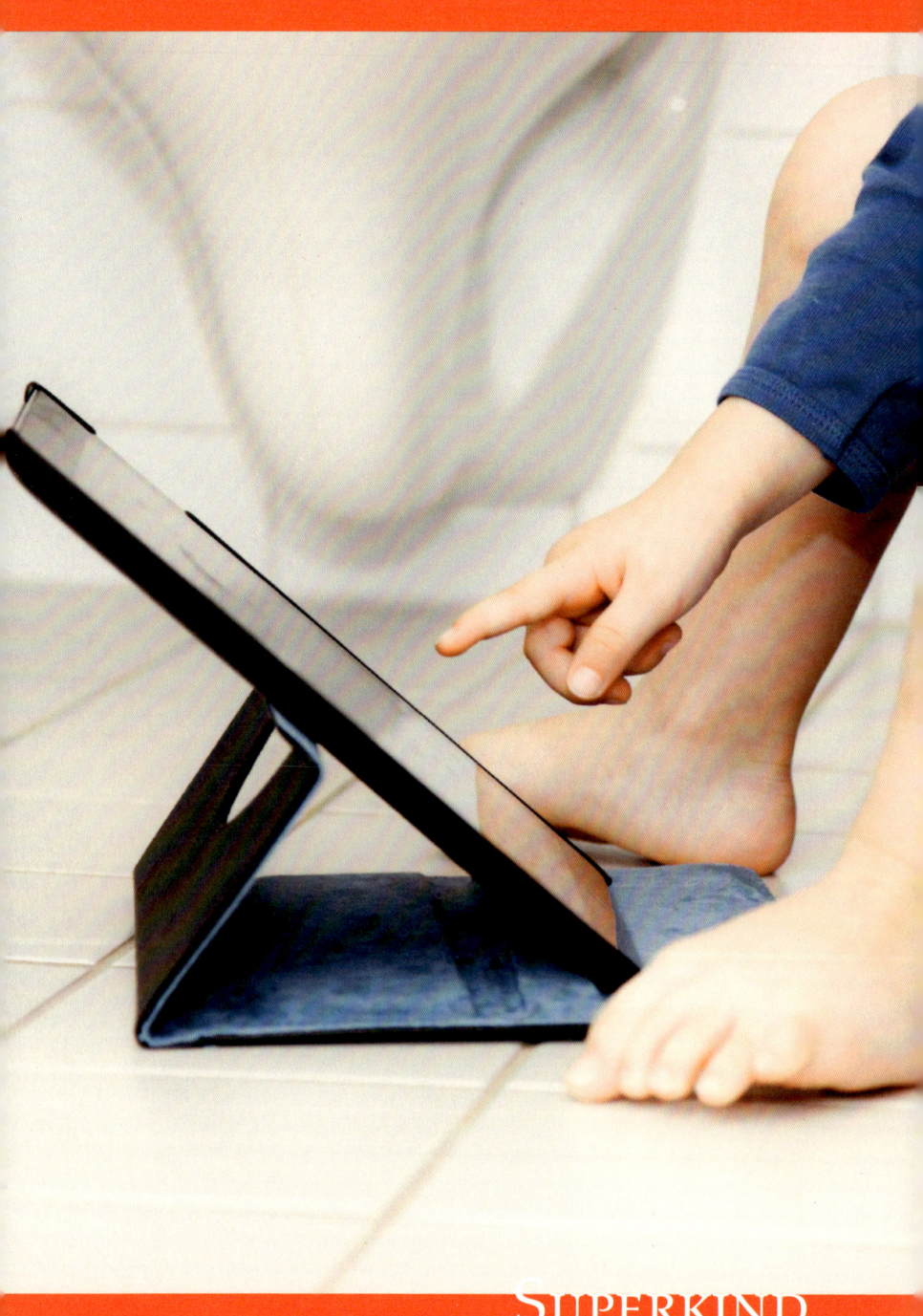

SUPERKIND

IM FORDERWAHN

Kindergeheimnis

Es gibt einen Ort,
wo Neugier der Lehrmeister ist,
wo man selber experimentiert und spielt
und wichtige Sachen lernt – ohne Unterricht.
Lernen ohne Unterricht? Wie soll das gehen?
Gelernt wird, was interessiert.
Das ist eben das Kindergeheimnis.

Eins, zwei, drei im Sauseschritt

Leistungsdruck und Hetze sind in unserer Gesellschaft inzwischen bei den Kleinsten angekommen. Lange vor Schulbeginn hat ein heutiges Kind einen eigenen Terminkalender, den die Eltern führen. Da wird Geld investiert, gehetzt, gemacht und getan, um Kinder durch Frühlernprogramme, Fitness- und Fremdsprachenkurse zu stählen. Das ist angesagt. «Kinder sollen doch fit werden für die Zukunft», so heißt es.

Eine Mutter: «Also, ich hab meine beiden Kinder jetzt für Englisch angemeldet.» – «Wie bitte? Sie sind doch erst acht Monate und zweieinhalb?» – «Ja, ja. Der eine geht in Early English und der andere in Frühlernen für Fortgeschrittene.» – «Wie soll das gehen, wo doch die Kinder noch nicht mal ihre eigene Sprache können?» – «Das macht nichts. Die lernen da alles spielend. Wir wollen uns später mal keine Vorwürfe machen, dass wir etwas versäumt hätten. Man muss doch die Zeitfenster nutzen.»

Man muss doch? Wer oder was drängt denn?

Du willst doch auch, dass aus deinen Kindern mal was wird?

Eine Mutter, die mit ihren Kindern keine Kurse besucht, sagt: «Manchmal fühle ich mich direkt unter Druck, weil wir da nicht mitmachen. Gerade so, als ob wir Rabeneltern wären und unsere Kinder absichtlich verblöden lassen. Aber das ist natürlich Unsinn. Ich habe nicht das Gefühl, dass unsere Kinder irgendetwas verpassen oder hinterherhinken.»

In einem Elterncafé. Eine Mutter zu einer anderen: «Was, eure Kinder gehen in gar keinen Kurs? Was machen die denn den ganzen Nachmittag?» – «Sie spielen.» – «Wie jetzt …? Aber ihr wollt doch auch, dass aus euren Kindern mal was wird?» – «Klar! Natürlich wollen wir das. Und genau deswegen lassen wir diesen ganzen Aktionismus.»

Verschiedene Anschauungen. Jeder will es am besten machen. Doch was ist tatsächlich das Beste für das kleine Kind? Dafür ist es nötig, die Aufmerksamkeit auf das Kind selbst zu richten und es in seiner Eigenart wahrzunehmen. Was gehört denn in den ersten Lebensjahren – ganz typisch – zum Wesen des Kindes? Und da lässt sich Erstaunliches entdecken.

SCHÄTZE, DIE KINDER MITBRINGEN

Bei näherer Betrachtung zeigt sich, dass Kinder höchst motiviert zur Welt kommen. Unübersehbar sind ihr Bewegungsdrang, ihr Nachahmungstrieb und ihre unbefangene Neugier und Entdeckerfreude: Alles lockt zum Spielen.

Bewegungsdrang, Nachahmungstrieb und Entdeckerfreude sind regelrechte Schätze, die Kinder mitbringen.

Bewegungsdrang: Der Bewegungsdrang ist genau besehen Bewegungsfreude. Eine überaus weise Einrichtung der Natur, denn indem ein Kind sich frei und selber bewegt, wird es immer geschickter. Es lernt von sich aus, sich in seinem Körper zu beheimaten und seine Bewegungen mit Armen, Beinen, Füßen und Händen immer besser und gezielter zu führen. Doch braucht es den Erwachsenen, der Eigenbewegung vorlebt, denn Kinder sind Nachahmer.

Nachahmungstrieb: Den Nachahmungstrieb können wir gar nicht genug wertschätzen, denn wesentliche menschliche Fertigkeiten, wie beispielsweise Stehen, Gehen und Sprechen, erwirbt sich ein Kind durch Spielen und Nachahmen. Erklärungen oder Unterricht («mach dies, mach jenes») würden da nichts nützen.

Und jeder kann das beobachten. Beobachten ist zentral, denn damit sind wir beim Kind selbst statt beim eigenen Wunschdenken, was es erreichen soll.

Was im Alltag echt vorgelebt wird, erweckt das kindliche Interesse zum Nachmachen und Lernen. ‹Das, was die Großen können, will ich auch. Das interessiert mich. Das probiere ich. Dazu habe ich Lust. Ich experimentiere und spiele, bis ich es kann.› Selbst zwei verschiedene Sprachen können sich Kinder durch Nachahmung aneignen, wenn Vater und Mutter unterschiedliche Muttersprachen haben und jeder die seine von Anfang konsequent mit den Kindern spricht. Zwei Sprachen sind dann ihr Alltag und kein Lernprogramm.

Entdeckerfreude: Alles, was die kindliche Neugier weckt, lockt zum Spielen und Experimentieren. Als ob das Kind uns mitteilen würde:

‹Etwas interessiert mich. Das will ich dann auch anfassen und tasten, wie es sich anfühlt, und riechen und schmecken und hören, wie etwas klingt. Das macht mir Freude. Und ich will ganz oft das Gleiche wiederholen. Manche glauben, dass das langweilig ist, aber das stimmt nicht. Ich will doch die Sachen kennenlernen. Das geht nicht so husch, husch. Die Erwachsenen, die sich auskennen, sagen, dass das wichtig ist.»

Stimmt. Indem ein Kind tastet, greift, riecht, guckt, schmeckt, lauscht, lernt es – absichtslos – Qualitäten, Strukturen, Zusammenhänge und physikalische Gesetze kennen. Tätigsein mit den eigenen Sinnen ist der Brückenbau zur Ausbildung der Denkfähigkeit. Durch eigenes Spielen, Forschen, Erkunden und Bewegen entstehen Strukturen im Gehirn, und geistige Fähigkeiten bilden sich aus. «Was Kinder in ihren

ersten Lebensjahren an Strukturen nicht mit auf den Weg bekommen, holen sie später kaum mehr auf.»[1]

Eigenaktivität mit allen Sinnen ist jedem Lernprogramm
überlegen, denn sie ist der Antrieb zur sogenannten «senso-
rischen Integration», also zu dem Vorgang, durch den «das
Gehirn Auskünfte von den Sinnen aufnimmt, erkennt, deutet
und eingliedert, um daraufhin mit einer anpassenden Hand-
lung zu reagieren».[2]

Nicht umsonst heißt es: «Es ist nichts im Kopf, was nicht
zuvor in den Sinnen war.»

Was die Freude am Selbertun einschnürt

Die natürliche kindliche Gabe, durch Neugier, Ausprobieren,
Spielen und Nachahmen zu lernen, kann auch verloren gehen.
Das geschieht – unter anderem –, wenn Kinder durch Früh-
lernprogramme beschäftigt werden.

In Frühlernkursen – egal, welcher Sparte – ist eigenes
Spielen und Experimentieren nicht gefragt, sondern Anpas-
sung an Lernvorgaben. Das schwächt die Lebenskräfte, weil
es die natürliche kindliche Lernfreude missachtet. Daran kann
man sich als Kind gewöhnen: Man lässt tun. Man lässt sich
unterrichten. Man lässt sich dann in der Ergotherapie zeigen,
was einem «sonst» selber einfallen würde, wenn man als Kind
selber spielen, forschen und entdecken dürfte.

Wenn Kinder wenig selber experimentieren dürfen

Heute können wir zur Genüge sehen, wo es hinführt, wenn Dinge, die nichts mit dem Alltag der Kinder zu tun haben, überbewertet werden. «Es ist schon auffällig, dass die ADHS-Diagnosen in einer Zeit zunehmen, in der wir erwarten, dass unsere Kinder immer früher lernen.»[3]

Landauf, landab weisen Fachkräfte aus ärztlichen und pädagogischen Zusammenhängen darauf hin, dass Kinder, die einst gesund zur Welt kamen, im Laufe ihrer ersten Kinderjahre schon unter gravierenden Beeinträchtigungen leiden, weil sie viel zu wenig Gelegenheit hatten, ihre mitgebrachten Talente, wie Bewegungsfreude, Spiel- und Nachahmungstrieb, zu entfalten. «Viele Kinder wissen gar nicht mehr, wie man Hopse spielt.»[4] – Inzwischen ist jedes fünfte Kind in Europa zu dick. Immer häufiger werden Haltungsschäden diagnostiziert. Kinder werden immer ungelenker und ungeschickter.

Viele haben als Fünf-, Sechsjährige noch Schwierigkeiten, sich selber die Hände zu waschen, sich allein anzuziehen, die Jacke zuzuknöpfen, einen Reißverschluss zu schließen, Schuhe zu binden, ein Butterbrot zu streichen oder mit Besteck zu essen. Vielleicht können sie drei Worte auf Englisch sagen oder bis hundert zählen – doch was nützt das, wenn sie nicht gelernt haben, selber zu bewältigen, was altersgemäß leistbar wäre.

SPIELEN STATT FRÜHLERNKURSE

In den USA, wo es schon seit längerer Zeit Mode ist, Kinder durch Frühlernprogramme zu trainieren, haben Wissenschaftlerinnen eine aufrüttelnde Untersuchung vorgelegt, die dokumentiert, dass sich die elterliche Hoffnung auf bessere Lernerfolge ihrer Kinder später in der Schule nicht nur nicht erfüllt, sondern oft zu Lernverweigerung führt. Daher ihr Appell an Eltern und Erzieher: «Letting tots learn through play is not only okay – it's better, than drilling academics.»[5] Also: Spielen für die Kleinen ist nicht nur in Ordnung, es ist auch besser, als Frühlernkurse anzubieten.

Eine anregungsreiche Umgebung (siehe S. 38ff., 67 und 129ff.), in der selbstständiges Entdecken und Spielen möglich ist, bringt Kinder weiter als jedes Frühlernprogramm. Im freien Spiel üben sie absichtslos, was ihnen im Leben zugute kommt: eigenständiges Denken und Handeln.

> *«Wenn man Kinder mit Wissen voll stopft:*
> *Was heißt das anders, als in einem fort*
> *einen Acker mit Samen auf Samen voll säen?»* [6]

Jean Paul gibt mit diesem Ausspruch ein sinniges Bild. Denn stellen wir uns ein Beet vor, das bereits mit Samen angelegt ist. Manche sprießen schon, doch sie werden gar nicht zur Kenntnis genommen. Lieber werden neue darübergesät. Denn die muss man kaufen. Und was erst gekauft werden muss, das hat – gegenwärtig – den Ruf: Das muss ja dann was Gutes ein. Das leiste ich mir für mein Kind. Dafür gebe ich Geld aus. – Diese gekauften Samen, gemeint sind die Kursinhalte, werden darübergeschüttet über die natürliche kindliche Begabung, eigenaktiv und selbst lernen wollend auf die Welt zuzugehen. «Daraus», so Jean Paul weiter, «kann wohl ein toter Kornspeicher, aber kein lebendiges Erntefeld werden.» Ein «lebendiges Erntefeld» – ein freier Mensch. Im freien, neugierig experimentierenden, selbst organisierten Spielen bahnt er sich an.

«Lasst mich spielen!»

«Lasst mich spielen» – das ist der innerste Ruf der Kinder an uns Erwachsene. Beim interessegeleiteten Spiel werden – ganz nebenbei – lebenspraktische Fertigkeiten erlernt. «Spielen ist eine ureigene menschliche Eigenschaft. Und wer nicht gelernt hat zu spielen, wird kaum eine gesunde Entwicklung nehmen.»[7]

Wenn Sie, liebe Eltern, Ihre Kinder tatsächlich fördern wollen, dann ermöglichen Sie ihm eigenaktives Spielen.

Lassen Sie ihre Kinder *selbst* tätig sein, *selbst* experimentieren, *selbst* entdecken und nachspielen.

Je mehr ein Kind eigenaktiv tätig ist, umso mehr Lebenskompetenz erwirbt es sich. «Aus der Art, wie ein Kind spielt, kann man erahnen, wie es seine Lebensaufgabe ergreifen wird.»[8]

ELTERNSONNE

Wie kommt es nur,

dass wir das Liebste, was wir haben,

kaum wirklich anschauen?

Wie kommt es nur,

dass wir unseren Kindern

so selten in die Augen sehen?

Sehnt sich doch jedes Kind danach,

in Elternaugen zu lesen:

‹Ich hab dich lieb. Ich sehe dich gerne.

Es ist gut, dass es dich gibt.›

KINDER BRAUCHEN ELTERNSONNE

Kinder brauchen kein «Helfen» beim Spielen. Doch sie brauchen den Erwachsenen als Gegenüber, die Elternsonne, die ihnen Licht und Rückhalt gibt: Sie wollen angeschaut und wahrgenommen werden und spüren: ‹Ja, hier bin ich richtig!› Denn genau das beflügelt die kindliche Lust zum Spielen und Experimentieren.

Erinnern Sie sich noch an die erste Babyzeit, an das allererste Lächeln Ihres Kindes? So etwa ab der vierten bis sechsten Lebenswoche zeigt es sich. Es ist das sogenannte Engelslächeln. Das ist so zauberhaft, dass es den Erwachsenen – normalerweise – ermuntert zurückzulächeln: lächeln – zurücklächeln. Ein Geben und Nehmen und Wieder-Geben, das beiderseits beglückt. Das Zurücklächeln, die Elternsonne, erwärmt das erste Spielen.

Liebevolles Angeschautwerden zeigt mehr als alle Worte: ‹Ich hab dich lieb. Ich seh' dich gerne. Es ist gut, dass es dich gibt.›

Das lässt Kinder aufblühen – wie Blumen unter der Sonne. Wirklich wahrgenommen zu werden bestärkt das eigene Sein. Es gibt Rückhalt, es erheitert und weckt die Spielfreude.

Lassen Sie sich nicht beirren, liebe Eltern, wenn Unwissende über solche Lächelspiele den Kopf schütteln. Abgesehen davon, dass sie Freude machen, sind sie auch eine wichtige Stärkung für Ihr Kind. «Das wahrnehmende Lächeln der Eltern schützt vor negativen Stress-Einwirkungen, denen das Kind im Laufe seiner weiteren Entwicklung ausgesetzt ist … Es reagiert weniger angstvoll oder aggressiv, wenn es nur häufig genug diesen wahrnehmenden Lächeldialog erlebt hat.»[9]

MEHR BLICKKONTAKT UND MEHR ZWIESPRACHE

Heute sind viele Eltern in Not, weil kaum jemand wirklich da ist, der ihnen zeigt, wie wichtig es für ihr Kind ist, dass es sich in einem geborgenen Beziehungsfeld zu ihnen befindet. So wird es heute häufig mit Blick voraus in seinem Kinderwagen gefahren – und der vertraute Mensch ist unsichtbar. Was nützt dem Kind die Aussicht «auf die Welt», die da vorbeiflitzt? Sie ist kein Ersatz für das, was es haben könnte: ein herzliches Gegenüber, das ihm Elternsonne schenkt. Auch für einen selber ist es geselliger und heiterer, das Kind liebevoll im Blick zu haben und mit ihm zu plaudern, statt hinterdrein zu laufen und ins Handy zu sprechen.

Drehen Sie also den Kinderwagen-Aufsatz so herum, dass Sie Ihr Kind anschauen können, wenn Sie mit ihm unterwegs sind. Ein kleines Kind braucht das. Es hilft ihm, sein Urvertrauen aufzubauen, wenn es auf das Liebste blicken kann, was es hat: auf das freundliche Gesicht von Mutter, Vater oder einer anderen Vertrauensperson. Selbst wenn es beim Ausfahren schläft, vermitteln Sie ihm dadurch einen Raum der Geborgenheit. Ist es wach, sind kleine Miteinander-Spielchen möglich, wie Anlächeln, Zunicken, Girren, Summen, Miteinander-Sprechen.

Ist das Kind nicht zu klein zum Sprechen? Bestimmt nicht, denn schon wenige Wochen alte Babys reagieren mit Zurücklächeln und Babysprache. Schenken Sie also Elternsonne, liebe Eltern. Das stärkt die Beziehung und macht fröhlich.

«Anfangs wusste ich das auch nicht», sagt eine Mutter. «Ich glaubte, es sei wichtig, dass mein Kind die Welt sieht. Jetzt fahre ich mein Kind so, dass wir uns anschauen können, und das ist ein echter Gewinn. Wir sind viel vergnügter unterwegs. Wenn es wach ist, plaudern wir – oder ich summe ihm etwas. Wir genießen das.»

DIE SEHNSUCHT, GESEHEN ZU WERDEN

Es ist also ganz wichtig, die Kinder in den Zeiten, in denen wir sowieso mit ihnen zusammen sind, mehr anzuschauen. Babys, die den Kopf schon drehen können, inszenieren selber schon kleine Spiele. Beispielsweise dieser Säugling, der gerade ausprobiert: ‹Wie ist das, wenn ich den Kopf zur Seite drehe? Dann kann ich machen, dass ich weg bin.› Nun vorsichtig wieder zurück: ‹Ist Mama wieder da? Ja, sie schaut. Sie sieht mich. Sie lacht mich an!› Die Babyaugen leuchten. Gleich noch einmal das schöne Spiel!

Das ist typisch Kind. Was ihm gefällt, will es wiederholen.

Noch mal und noch mal und noch mal freut es sich über seine Eigenwirksamkeit. Es erlebt: ‹Ich kann machen, dass wir uns wieder sehen.› (Siehe auch S. 98)

Anschauen und Angeschaut-Werden beglückt Eltern und Kind und bringt Licht in den Alltag. Und wenn Eltern das schwerfällt? Manche fragen: «Was ist nun, wenn ich das Zusammensein mit meinem Kind irgendwie nicht genießen kann?» Hier gibt es heute wirklich hilfreichen Beistand. Es gibt speziell ausgebildete Hebammen sowie Beratungseinrichtungen,[10] spezielle Elternkurse,[11] Weiterbildungen[12] und Literatur[13] mit dem Anliegen, Eltern zu begleiten und ihnen zu zeigen, wie es gelingt, eine gute Beziehung zum Kind aufzubauen.

WENIGSTENS EIN BLICK

Kinder wollen ihre Spielfreude gerne mitteilen und zeigen, was sie entdeckt haben. Sie suchen immer Blickkontakt: ‹Siehst du das?› – ‹Freust du dich auch?› – ‹Oder etwa nicht?› Was mag wohl das Kind in dem folgenden Beispiel fühlen?

«Schau mal», strahlt der Zweieinhalbjährige, der beim Spaziergang einen Riesenschilfhalm vom Boden aufgehoben hat und ihn mit beiden Händen hoch hält. Mama: «Warte, warte, bleib so!» Nun kramt sie in ihrer Tasche, holt ein Gerät heraus. «Lach noch mal so schön wie vorhin», sagt sie und macht ein Foto. Und noch eins. Klick. Klick. – ‹Komisch, die Großen. Erst gucken sie gar nicht richtig hin. Und dann durch ein Gerät.›

Wie wäre es, mal nicht zu fotografieren? Das Kind mal in seiner herrlichen Spielidee wahrzunehmen, etwa in dem Sinn: «Bist du groß! Du bist ja ein Riese!» Herzliche Rückmeldung beglückt und bestärkt ein Kind in seiner Spielfreude.
Und wie mag es diesem Kind gehen?

Freudig kommt der Viereinhalbjährige von draußen herein: «Du, Papa ...» – Papa ist auf dem Sofa, die Zeitung vor der Nase: «Hm.» – Das Kind: «Ach, du liest ja Zeitung.» – Der Vater, den Blick weiterhin auf das Blatt geheftet: «Erzähl ruhig, ich kann beides.» – Das Kind geht weg. Es hat das Tolle, was es gerade entdeckt hat, nun doch nicht mitgeteilt. Und der Vater fragt auch nicht weiter.

Dabei hätte ja schon ein Blick genügt. Einfach mal kurz dem Kind in die Augen gucken, es anlächeln, ihm zunicken. Wir Menschen sind alle so gestrickt: Wenn einer mit dem anderen spricht, dann braucht er Blickkontakt als Bestätigung. So ein Moment Elternsonne vermittelt einem Kind: ‹Du bist wichtig.› Das Gefühl, wichtig zu sein, ist ein wesentlicher salutogener Faktor,[14] der die Lebenskräfte stärkt und zum Weiterspielen ermuntert.

Kinder wünschen sich im Grunde: ‹Liebe Eltern, schaut uns nicht nur dann an, wenn ihr glaubt, streng sein zu müssen. Lächelt öfter – auch wenn wir schon aus dem Babyalter raus sind. Schenkt uns Elternsonne.›

VORBILD — INTERESSE —

NACHSPIELEN

«Was tust du da?»
«Kochen, waschen, putzen, aufräumen, reparieren.»
«Ich will auch!»
«Dafür bist du noch zu klein.»
«Ich will aber!»
«Dann dauert nur alles länger, geh schön spielen.»
«Das will ich doch – bei dir!»

«ICH WILL MEINE RUHE»

«Was wünschen Sie sich als Eltern?» Auf diese Frage in einer Elternrunde ruft eine Mutter spontan: «Meine Ruhe!» – Alle lachen. – «Nein, nein, so habe ich es nicht gemeint», sagt sie. «Aber ich will zum Beispiel nicht dauernd gestört werden, wenn ich in der Küche bin, oder beim Putzen. Ich erwarte, dass die Kinder auch mal ruhig in ihrem Zimmer spielen können.» – «Und tun sie das?» – «Nein, eben nicht! Sie nerven nur.» – «Wie alt sind sie denn? – «Zwei und fünfeinhalb.» – «Dann sind sie ja noch mitten im Nachahmungsalter.» – «Und da können sie das nicht?» – «Im Nachahmungsalter wollen sie mitmachen und nachahmen, deswegen kommen sie.» – «Aber das kann doch nicht ewig so gehen.» – «Etwa bis die neuen Zähne kommen – so lange ist Nachahmungszeit.»

Das zeigt auch, warum Kinder nicht «hören», wenn wir ihnen nahelegen: «Jetzt geht doch endlich in euer Zimmer, da könnt ihr spielen.» Gut ausgedacht. Doch in der Praxis funktioniert das nicht. Im Unterschied zur weit verbreiteten Erwachsenenmeinung ist Arbeit für Kinder keine Last, die man schnell hinter sich bringen muss. Im Gegenteil. Sie fühlen sich magisch angezogen, wenn Erwachsene sichtbar mit den Händen etwas arbeiten. Das fasziniert sie und regt sie an, selber tätig zu werden (siehe S. 19ff.).

«Das kann ich bestätigen», sagt die Mutter von Paul: «Früher habe ich meinen Sohn auch immer weggeschickt. Aber geklappt hat das nie. Inzwischen machen wir den Haushalt einfach zusammen. Wenn ich putze, bekommt er auch einen Eimer mit bisschen Wasser und einen Schwamm. Oder beim Kochen gebe ich ihm ein paar echte Töpfe und Kochlöffel. Er liebt das. Und wir haben keinen Stress mehr.»

Hier hat die Mutter von Paul genau beobachtet: Mitmachen ist für Kinder sinnerfülltes Spiel.

Mitwirken dürfen beflügelt und weckt eigene Spielideen

Zusammen mit den Eltern echte Sachen machen, das interessiert bereits die Kleinsten. Sie können schon ab dem Sitzalter beim Kochen dabei sein. Einfach eine Decke auf den Küchenboden, dazu ein paar echte Küchengegenstände, denn diese beeindrucken so einen kleinen Menschen oft mehr als das eigene Spielzeug (siehe S. 171f.): «Hier ist dein Platz, hier kannst du spielen.» – Wo es in der Küche zu eng ist: Die Tür offen lassen und in Blicknähe einen Korb mit Material zum Ein- und Ausräumen bereitstellen.

Ein Eineinhalbjähriger mit Mama im Bad. Mama wischt die Fliesen ab. Der Kleine greift – von sich aus – ein Tuch und wischt ebenfalls. Mamas freundliches Zunicken bestärkt ihn in dem Gefühl: ‹Ja, das ist gut, was ich mache.› – «Auch die Waschmaschine ausräumen liebt er», sagt die Mutter, «kaum ist sie leer, ruft er ‹mehr, mehr›. Er will gar nicht aufhören.»

Die Arbeitsatmosphäre ist für Kinder spielanregend

Kinder bewundern das, was die Großen können. Was mein Papa, meine Mama kann, das will ich auch!

«Unser Fünfjähriger war begeistert, als wir das Wohnzimmer gestrichen haben und er mitmachen durfte. Wir haben zusammen die Farbe angerührt und uns Malerhüte aus Zeitungspapier gefaltet: große Hüte für Mama und für Papa und einen kleinen für ihn. Er bekam einen echten Eckenpinsel und durfte damit die Ecken streichen. Da tat er mit Freude, und er war wirklich schon ein guter Helfer.»

Wie der Geistesforscher Rudolf Steiner aus geistig geschultem Blick feststellen konnte, lernt das Kind durch solches Nebeneinanderher-Schaffen, «was es im späteren Leben bewusst niemals vollbringen kann. Unbewusst, instinktiv versucht es, sich zusammenzufinden als Einzelmensch mit anderen Menschen ... ein Hineinfinden in die menschliche Sozietät ... von Mensch zu Mensch.»[15]

Eltern sollten aufhören, sich selbst zu unterschätzen

Wenn Kinder da sind, brauchen wir in Bezug auf unser Tun ein ganz neues Denken und Handeln, denn der nachvollziehbar tätige Mensch ist das, was Kinder von null bis sieben wirklich interessiert. Genau da wollen sie ebenfalls sein und «arbeiten». Das Grundprinzip in den ersten sieben Lebensjahren ist das natürliche Interesse der Kinder, sich im Nachahmungsfeld aufzuhalten und auch selber zu schaffen. Sie wollen neben dem Erwachsenen selber tätig sein.

Erwachsene sollten daher aufhören, sich selbst und ihre Alltagstätigkeiten zu unterschätzen. Ist doch der handelnde Erwachsene, der äußerlich sichtbar etwas tut, das wichtigste Spielvorbild für das Kind. Wird dies berücksichtigt und dürfen Kinder bei «echter Arbeit» dabei sein, erspart das allseits unnötigen Stress und auch Erziehungsnöte.

Ab drei Jahren können und wollen die Kinder schon richtig mitwirken. Sie können etwas umrühren, Teig kneten, Gemüse waschen und mit dem Schäler schälen, Wäsche aufhängen. Auch beim Reparieren, Schrauben und Gärtnern, wenn der Fahrradschlauch geflickt, ein Möbelstück montiert oder ein Vogelhäuschen gebaut wird, sind Kinder fasziniert dabei. Das praktisch Erlebte ist Wegzehrung zum Nachspielen

Die Fragestellung ‹Hat ein Kind auch genug zum Nachahmen?› ist daher maßgeblich, ob es auch zufrieden spielt.

Kleine Kinder wollen «spielhelfen»

Die Arbeit des Erwachsenen ist auch oft das Vorbild zum sogenannten Spielhelfen.

Julius' Mama ist beim Bügeln. Offensichtlich tut sie dies nicht etwa missmutig («Ach, schon wieder …»), sondern gut aufgelegt. Und das motiviert ihren zweieinhalbjährigen Sohn: Das Kind holt sich den Fusselentferner, der auch so einen Griff hat wie Mamas Bügeleisen, und einen Hocker als «Bügelbrett». Bei ihm geht das Bügeln beneidenswert schnell. Während Mama immer noch dieselbe Bluse plättet, hat er schon drei große T-Shirts, zwei Unterhosen und mehrere Socken «gebügelt». «Noch was», ruft er voller Tatendrang. – Ah, jetzt hat er Papas große Jeans entdeckt! Die «bügelt» er auch noch. Er blickt auf den ganzen Haufen, den er geschafft hat. «Fertig», ruft er sichtlich zufrieden. – Mama weiß sein Spielhelfen zu würdigen. «Na, du bist aber tüchtig», sagt sie. Wohlwissend natürlich, dass dieses Bügeln keine echte Hilfe für sie war. Doch darum geht es gar nicht. Eher um eine herzliche Rückmeldung zur kreativen Spielidee.

Mithelfen hat für kleine Kinder den gleichen Status wie spielen.

Bei Gregor ist es ähnlich. Er schaut fasziniert zu, wie Papa mit dem Schlagbohrer Löcher in die Wand bohrt. Das bringt ihn auf die Idee, sich ein Stöckchen aus seiner Spielkiste zu holen.

«Ich muss auch bohren!», sagt er. «Drrr – drrr – drrr», bei ihm geht das rasch. «Schau mal, wie viele Löcher ich schon habe!» Anerkennender Blick vom Vater: «Du bist ja schon ein richtiger kleiner Handwerker.» Gregor strahlt.

So ein Moment «Elternsonne» (siehe S. 29ff.) stärkt Kinder und bestärkt ihr Spiel. Doch wollen sie nicht nur die praktischen Dinge im Haushalt nachahmen. Auch das, was Eltern in unserer Freizeit aktiv tun, weckt ihre Nachahmungsfreude.

Nachahmen ist das Spiel der Kinder

Ein Vater hat beim Zeitunglesen immer eine Schere neben sich liegen. Findet er einen wichtigen Artikel, schneidet er ihn aus und steckt ihn in eine Klarsichtfolie. Der vierjährige Sohn beginnt ebenfalls aus «seiner» Zeitung – es ist die vom Vortag – Abschnitte auszuschneiden und in verschiedene Folien zu stecken. Es ist faszinierend, ihn zu erleben, so völlig vertieft in seine Arbeit, so rundum zufrieden. Dabei sieht es so aus, als sei alles ohne Sinn und Zweck, denn die Zeitungsabschnitte sind einfach mitten aus dem Zusammenhang geschnitten. Der Bub kann ja noch nicht lesen.

Was also ist das Bemerkenswerte an dieser Begebenheit? Das konzentrierte Handeln des Vaters löst den kindlichen Nachahmungstrieb aus und zeigt, wie Kinder das, was sie bei den Großen sehen, in eigenes Spiel verwandeln.

«ICH HABE DOCH NUR NACHGEMACHT»

Doch nicht alles, was Kinder nachahmen, ist auch willkommen.

«Wie machen das die Arbeiter da drüben am Nachbarhaus?» Marius, fünf Jahre, beobachtet das sehr aufmerksam. Jetzt schreitet er selbst zur Tat: Erst mal braucht er auch «Mörtel». Dafür rührt er in seinem Spieleimer Sand und Wasser an. Und nun «bessert» er mit Hingabe die Mauer neben dem Eingang seines Elternhauses aus. Er ist noch mitten in der Arbeit, als Papa heimkommt. «Schau, das hab' ich alles repariert», ruft er freudig. ‹Aber warum schimpft Papa? Ich hab doch nur nachgemacht.› Nun droht Papa auch noch: «Jetzt verschwinde. Und eine Geschichte gibt's heute Abend auch nicht», sagt er. Kindertränen und Geschrei.

Es ist durchaus nachvollziehbar, dass Papa sich erst mal aufregt, als er die ramponierte Wand sieht. Doch strafen und wegschicken? Davon lernt kein Kind etwas. Deswegen brauchen Kinder Anleitung, wie etwas wiedergutgemacht werden kann: «Das putzen wir beide weg.» Wir beide! Darauf kommt es an. Ob es nun die Hauswand ist, die verunstaltet wurde, oder sonst etwas. Mit dem Kind das Putzzeug holen, ihm ebenfalls Bürste und Lappen geben und vormachen, wie das Wegputzen geht. Sobald alles fertig ist, sich miteinander über das Ergebnis freuen: «Schau, jetzt ist es wieder gut.» So lernen Kinder etwas Entscheidendes: «Ich kann eine Sache selber wieder in Ordnung bringen.»

Kinder brauchen vielfältige Vorbilder

Selbstverständlich brauchen Kinder vielfältigere Vorbilder als das, was sie im und ums Haus erleben können. Anregungsreiche Begegnungen vermitteln Ferientage auf einem Bauernhof, wo sie mehr Auslauf haben, freier spielen und auch wesentliche Lebenszusammenhänge mitbekommen können. So essen Kinder zum Beispiel gerne Honig oder konsumieren Milchprodukte. Doch woher kommen diese Köstlichkeiten?

Eine Biobäuerin schildert: «Manchmal, wenn eine Kindergruppe zur Hofbesichtigung kommt, sage ich im Scherz: ‹So, und jetzt gehen wir zu den Bienen und melken sie, damit wir Milch kriegen.› Und dann erlebe ich keinen Widerspruch: ‹Kommt die Milch von den Bienen?›, heißt's da.»[16]

Von den Ferien auf dem Bauernhof gewinnen die Kinder nachvollziehbare Eindrücke, von denen sie lange zehren: die Kuh mit dem Euter, aus dem die echte Milch kommt; das Schwein, das immer so lustig grunzt; die Ziegen, die nur das feinste Gras mögen. Hühner, Gockelhahn, Katze, Hund, Mäuse. Die Welt wird größer. Die Spielideen werden vielfältiger.

EINFACH MAL ZEHN MINUTEN NUR ZUGUCKEN

Warum stehen Kinder so gerne an einer Baustelle und gucken zu? Weil sie da Menschen erleben, die etwas schaffen, was nachvollziehbar ist. Der große Kran, der Bagger, die Arbeiter mit den Helmen – das fasziniert. Wenn Sie als Eltern nicht gerade auf dem Weg zu einem Termin sind, dann bleiben Sie doch einfach mal absichtlich zehn Minuten an einer Baustelle stehen – mit dem Ziel: «Jetzt gucken wir einfach nur.» Zuschauen ist äußerst spielanregend.

Ein dreijähriger Stadtjunge bei einem Ausflug aufs Land. Nun steht er schon eine gefühlte Ewigkeit am Wiesenrand und beobachtet, wie der Bauer mit Traktor und Tankanhänger über die Wiese fährt und Jauche ausbringt. Da gibt es so viel zu schauen und zu fragen. Da kann man doch nicht einfach vorbeigehen! Das versteht auch der Vater. Und die beiden gucken aufmerksam zu.

Längst zu Hause, spricht der Kleine immer wieder von diesem Erlebnis. Bis er eines Tages eine leere Küchenrolle entdeckt und an sein Spielauto festklemmt. Nun kann er selber Jauche ausfahren. Das ist sein liebstes Spiel für längere Zeit.

Weitere Spielvorbilder

Menschen, die etwas Nachvollziehbares tun, liefern die besten Spielideen. Halten Sie also Ausschau, liebe Eltern, wo es in Ihrem Wohnumkreis auch andere Menschen gibt, die nachvollziehbare Tätigkeiten ausüben.

Sind da etwa Großeltern oder Verwandte, die einen Nutzgarten haben, wo Kinder beim Gärtnern mitmachen dürfen? Gibt es unter den Freunden oder Bekannten einen Imker (siehe auch S. 179f.), der besucht werden kann, oder jemand, der schreinert, töpfert, Schmuck selber herstellt? Wer kennt einen Instrumentenbauer, Maler, Bildhauer, ein Künstleratelier, wo es möglich ist, einmal zuzugucken?

Am besten einfach mal fragen. Solche lebenspraktischen Ausflüge kosten nichts und motivieren zum Nachspielen. Sinnliches Erleben nahvollziehbarer Arbeit bringt Kindern mehr Spielideen als teure Ausflüge in einen «Erlebnispark». Gerade wenn wir feststellen ‹Mein Kind kann überhaupt nicht richtig spielen›, sollte unsere nächste Frage sein: ‹Hat es denn auch genug zum Nachahmen?› (Näheres dazu siehe im Kap. «Hilfe, mein Kind kann nicht spielen», S. 149f.)

Spielanregend ist der tätige Mensch und alles, was mit Körperarbeit verbunden ist.

So berichtet ein Modellbauer, dass sein Sohn ihn ab und zu in seiner Werkstatt besuchen darf. Dort bekommt er dann Materialreste. Meistens Balsa-Holz. Der Fünfjährige fertigt

*damit nun auf seine Weise Möbelmodelle und Sonstiges und
ist sehr eifrig dabei.*

*Eines Tages kommt ihn sein kleiner Freund mit seiner
Mama besuchen. Die bewundert die kleinen Werkstücke
des Fünfjährigen und erkundigt sich, wo es denn das «tolle
Material» zu kaufen gäbe. Sie kauft es auch für ihren Sohn.
Der zerschneidet und zerbricht die wertvollen Balsa-Holz-
stücke und kann weiter nichts damit anfangen. Die Mutter
stellt enttäuscht fest: «Also, das hat sich nicht gelohnt!»*

An diesem Beispiel zeigt sich die Wirkungsausstrahlung des
Vorbilds, das «in echt» arbeitet. Mit fachbezogenem Material
können Kinder nur dann schaffen, wenn sie erleben, wie der
Erwachsene damit umgeht. Genauso würden wir ein Kind auch
nicht allein die Wand streichen lassen (siehe S. 39f.).

Hobbys der Erwachsenen wecken Spielideen

Handarbeit ist wieder im Kommen. Stricken ist angesagt, genauso Nähen. Wie bekannt, gibt es ja Nähcafés und andere
kommunikative Möglichkeiten, die das Thema Stricken und
Nähen aus der verstaubten Ecke geholt und wieder zeitgemäß
gemacht haben.

«Ich nähe wieder», sagt eine Mutter. «Und inzwischen mache ich die Näharbeiten nicht erst abends, wenn die Kinder schlafen, sondern wenn sie noch wach sind, denn ich habe bemerkt, dass das enorm spielanregend ist. Ihre fünf- und sechsjährigen Kinder kriegen dann auch ein paar Stoffreste, ebenso Nadel und Faden. «Natürlich helfe ich beim Einfädeln und zeige ein bisschen, wie das geht: die Nadel durch den Stoff zu stechen und Stiche zu machen. Die Kinder sind schon recht geschickt und tun das richtig gerne», sagt sie.

Stoffreste, Garn, Faden, Wollreste, Bastelfilz sind wunderbare Materialien. Es macht Kindern Freude, sie anzufassen, und ermuntert sie zum Mitmachen.

Hier ist ein Vater, der näht. «Das entspannt mich total», sagt er. Was er gerade bearbeitet, soll ein Faschingshut aus farbigem Filz werden. Bastelfilz ist ein sehr geeignetes Werkmaterial auch für Kinder. Er fusselt nicht, franst nicht und hat schöne Farben.

«Klar kriegen die Kinder auch davon», sagt der Vater. «Das mögen sie, so selber mit den Händen etwas machen. Neulich haben sie verschieden bunte Filzstreifen genommen und ‹Bauernhof› gespielt. Nur mit den Stoffstreifen. Sie waren so vergnügt damit und den ganzen Nachmittag beschäftigt.»

Die Mutter von Nelly, dreieinhalb, ist gerade mit den großen Schnittmusterbögen beschäftigt. Das bringt Nelly auf die Idee, selber ein neues Puppenkleid zu machen. Sie holt Mal-

papier, malt es bunt an, schneidet daraus etwas aus und klebt es mit Klebestreifen fest. «Schau, meine Puppe hat ein neues Sommerkleid», freut sie sich.

Der eineinhalbjährige Bruder ist glücklich mit dem Näh-kasten beschäftigt und kruschelt mit den Knöpfen. «Darf der das?» – Ja, das darf er. Mama hat ein Auge drauf.

Eine schöne Idee ist es auch, in Gegenwart der Kinder zum Beispiel kleine Biegepüppchen[17] herzustellen oder einfache Figuren und Tiere, die Kinder später gut zum Spielen für Spiellandschaften brauchen können. Schönes Material dafür ist Wollvlies oder sogenannte Märchenwolle[18] (siehe auch S. 179). Kinder bekommen gerne etwas davon ab – zum Spielen und Nachahmen.

WAS SONST NOCH ZUM SPIELEN UND NACHSPIELEN ANREGT

Wohlgemerkt, es geht nicht darum, Kinder zu unterhalten oder zu bespaßen, sondern darum, dass sie dabei sein dürfen, wo nützlich, praktisch, sinnig hantiert wird. Doch darüber hinaus brauchen Kinder auch Anregungen, die Seele und Geist und Lebenskräfte bereichern und beflügeln. Sie brauchen Kinderkultur, aus der dann innere Bilder und Ideen zum Nachspielen erwachsen.

Was ist gemeint? Erwachsene als Vorbilder, die mit Kindern singen, summen, reimen, tanzen. Alles Musische beglückt. Nicht nur am Geburtstag, wenn ein Kind freudig strahlt, weil die Eltern ihm die Hände reichen und «Viel Glück und viel Segen» singen. Musisches braucht seinen Platz auch an ganz normalen Tagen. Singen und Summen versetzt einen als Erwachsenen sofort in den Spielstatus (siehe S. 120f.). Die Stimme wird weicher – und die Stimmung besser. Ein einfaches Tänzchen zu einem einfachen Kinderlied erfreut, zum Beispiel «Häschen in der Grube», «Brüderlein, komm tanz mit mir», «Will ich in mein Gärtlein gehen». – Fangen Sie doch einfach mit einem Lied an, liebe Eltern, das Sie noch aus Ihren Kindertagen kennen.

Es kann erst mal jeden Tag das Gleiche sein, ohne Anspruch auf Perfektion. Es ist für den Hausgebrauch. Es macht Kinder glücklich, wenn Mama und Papa mit ihnen singen und tanzen. Außerdem fördert es auch das gesunde Heranbilden ihrer Organe. Darauf macht Rudolf Steiner wiederholt aufmerksam. «Man soll nicht unterschätzen, was tanzende Bewegungen nach musikalischem Rhythmus für eine organbildende Kraft haben.»[19]

Zu dem Weg, Kinder durch vorbildliches Tun zu «fördern» (siehe S. 38ff.), gehören auch kleine Geschichtenspiele, die zum Nachspielen einladen, und das Erzählen. Und natürlich auch Vorlesen. Und wie wäre es, liebe Eltern, nicht nur den eigenen Kindern, sondern auch Besucherkindern mal vorzulesen? Da doch 42 Prozent der Eltern nur gelegentlich oder nie vorlesen.[20]

«Heute habe ich etwas Schönes für euch ausgesucht, das lese ich euch vor.» So etwas bereichert Kinder in ihrer Fantasiewelt, und sie haben innere Bilder, die sie nachspielen können.

UNBEHELLIGT SPIELEN

Neugierig sein
unbewachte Zeit
trödeln
verstecken, klettern, bauen
selbst erkunden
unbehelligt spielen
Langeweile
Übermut

SPIELEN EINST UND JETZT

Warum ist es denn mit dem Spielen heute so kompliziert? War das immer so – oder nicht?

In «Vor-Bildschirm-Zeiten», als Kinder in ihrer Freizeit noch überwiegend draußen waren, kümmerte sich niemand um gesunde Sinnesentwicklung oder Reifungsprozesse des Gehirns und musste es auch nicht, denn sie geschah von selbst. Wie das? Die Kinder bewegten sich mehr, wurden nicht überall hingefahren, sondern liefen zu Fuß, spielten mehr.

Kinder hatten Pflichten und erfüllten sie auch, ähnlich, wie Tom Sawyer,[21] der eines Nachmittags erst zum Spielen kommt, als die Aufgabe, einen Zaun zu streichen, erledigt ist. Bis über die Mitte des vergangenen Jahrhunderts war das so. Da bedeutete Kind sein: neugierig sein und jeden freien Moment zum Spielen nutzen. Gespielt wurde im Wesentlichen draußen. Sommers wie winters. Und immer waren da Spielfreunde und unbewachte Zeit. Kein Erwachsener verfolgte genau, wo man war und was genau man machte.

Aus heutiger Sicht paradiesisch war es, dass sich immer andere Kinder zum Spielen fanden und keiner an Überbehütung litt.

So auch meine eigenen Erfahrungen und Erinnerungen: *Keine Eltern weit und breit,* als wir im Schnee mindestens zwanzig Trödelminuten von zu Hause zum Schlittenberg zogen, wo es nur so wimmelte von Kindern. Mit den Schlitten rauf und runter, Schneebälle, Schneeklümpchen vom nassen

Wollhandschuh essen, Schanzen bauen. Manche waren so hoch, dass der Schlitten ordentlich durch die Luft flog, wenn es laut rufend abwärts ging: «Aus der Bahn, Kartoffelschmarrn.» *In der Natur zu sein war selbstverständlich.* Rennen, fangen, verstecken, hinfallen – aufgeschlagene Knie und blaue Flecken hatte jeder. Auf Bäume klettern, mit verschiedenen Mutproben, oder auf Baumstämmen balancieren. Staudämme an einem Bächlein bauen und diese dann mit «Juhu» wieder einwerfen.

Auch Kaulquappen fangen, in einem Eimer mit Wasser beobachten, ob sie sich zu Fröschen entwickeln und wie das vor sich geht. Genauso interessierten uns Raupen, von denen ab und zu eine in ein Glas gesetzt, mit frischen Brennnesseln gefüttert und bis zur Entwicklung zum Schmetterling verfolgt wurde. Und noch weitere Experimente.

Ein nachhaltiges und bis heute erinnertes Kinderglück war, sich allein draußen in eine kleine Bucht zwischen Büschen und Bäumen zu verkrümeln, die niemand kannte, wo einen keiner entdecken konnte. Ein selbst erschaffenes, eigenes kleines Reich, wo zeitvergessenes Spielen mit allerlei Fantasiegestalten ungehindert blühen konnte (siehe auch S. 129ff.).

Alles «heile Welt»? Weit gefehlt, denn Ärger und Streit gab es natürlich und auch Tränen. Deutlich ist noch so ein Gefühl wie Weltuntergang, wenn Spielkameraden sagten: «Du darfst nicht mehr mitspielen!» Da galt es dann selber wieder herauszufinden. Genauso wie auch bei Langeweile, die unversehens auftauchen konnte mit ihrem Ganz-auf-sich-gestellt-Sein, bis einem dann doch etwas einfiel.

Keiner hat uns kontrolliert. Undenkbar, dass Eltern auch nur auf die Idee gekommen wären, sich in unsere Spiele einzumischen. Eltern traten auf den Plan, wenn mal irgendwas zu Bruch ging oder Beschwerden kamen. Sonst hielten sie sich zurück – und das war selbstverständlich. Rückblickend war dies ein wahrer Kinderluxus. *Natürlich ist es heute undenkbar, Kinder so frei herumlaufen lassen.* Unser Leben ist dichter besiedelt, schutzbedürftiger, voller Unwägbarkeiten, nervöser. Doch auch heutige Kinder wollen nicht dauernd beaufsichtigt und bespielt werden. Sie haben genauso ein tiefes Bedürfnis nach Kindsein, danach, neugierig zu sein, zu spielen, zu trödeln, zu experimentieren, ein Bedürfnis nach Fantasie und selbst bestimmtem Spielen – wie eh und je. Und sie brauchen es auch, denn Kinder verlernen sonst, das zu tun, worum es beim Spielen geht: selber Ideen auszuhecken und sich eine eigene Spielwelt zu schaffen.

UNBEHELLIGT SPIELEN HEUTE

Damit heutige Kinder überhaupt noch die Möglichkeit haben, unbehelligt zu spielen, ist es erst einmal notwendig, dass Eltern für sich klären: Ja, es ist in Ordnung, wenn unser Kind auch mal hinfällt und sich aufgeschürfte Knie, Schrammen und blaue Flecken holt. Doch da hakt es schon oft: an dieser Übervorsichtigkeit (siehe auch S. 150). Daran, dass Kinder sich nur ja nicht wehtun, nicht stoßen, nicht fallen. Im Hintergrund steht immer: nicht zu hoch, nicht zu weit, nicht zu schnell, nicht zu wild und rundum versorgt. Sodass nicht einmal eine harmlose Auseinandersetzung um Schaufel und Eimer ohne elterliche Einmischung ausgetragen werden kann.

Damit wird eines ganz bestimmt erreicht: dass die Kinder sich nichts mehr zutrauen, dass sie Ängste entwickeln und ihre natürliche Spielfreude entschwindet. Wird elterliche Übervorsicht vor Freiheitsliebe, Entdeckersinn und Abenteuerlust gestellt, dann verlieren Kinder das Vertrauen in ihre eigenen Fähigkeiten und sind gehindert, das zu entwickeln, was die meisten Eltern sich für ihr Kind wünschen: Selbstvertrauen.

Kinder in Ruhe forschen lassen

Eigenständig spielen zu können beginnt damit, dass Eltern sich auch zurücknehmen können und der neuen Generation eine Chance lassen, sich selber forschend und spielend mit der Welt vertraut zu machen. Dass wir Großen schon wissen, wie der Hase läuft, ist ja naheliegend. Doch für ein Kind ist das Leben ein Wunder. Jeder Stein ist ein Wunder, jede Blume, jedes Blatt. Wenn es allezeit hört: «Lass das. Komm weiter, wirf das weg», dann ist das so, als wenn ein Forscher einem anderen dauernd über die Schulter guckt und sagt: «Lass das, dieses Experiment brauchst du nicht zu machen.» Kaum denkbar, dass dieser unter solchen Bedingungen zu bemerkenswerten Forschungsergebnissen kommen könnte.

So geht es auch Kindern, die ständig blockiert werden. Irgendwann kommt dann so ein kleiner Forschergeist einmal zu dem Schluss: «Ach, wahrscheinlich ist die Welt gar nicht so interessant, wie sie aussieht», und verliert seinen kostbarsten Impuls – die Lust zur Eigentätigkeit.

Viel spannender ist es doch, die Kinder zu beobachten und nur wahrzunehmen, wie kreativ sie mit Dingen umgehen. Kindliche Spielideen sind oft ganz anders, als Erwachsene sich das vorstellen.

Nach eigenen Ideen spielen

«Schauen Sie mal, ob er es schon kann», sagt der Nachbar und übergibt ein Lernspielkästchen mit Inhalt, das an allen Seiten verschiedenförmige Einschnitte hat. Der Zweijährige nimmt das Kästchen in beide Hände, schüttelt es, freut sich an dem von ihm erzeugten Geklapper, kippt es um, und unterschiedlich geformte Holzteile poltern auf den Boden. Das Erwachsenenauge sieht sofort, dass diese jeweils in die entsprechenden Ausschnitte der Kiste passen. Das Helfenwollen zuckt in den Fingern. Doch zum Glück behelligen die Eltern ihr Kind nicht. Es hat nämlich gerade entdeckt, dass die Kiste eine Klappe zum Auf- und Zumachen hat. Und das ist nun sein Spiel: Klappe auf und alle Teile hineinfüllen und obendrein noch ein paar Kastanien aus seinem Spielzeugkorb und dann alles wieder ausschütten. Das macht es wieder und wieder und hat anhaltend Freude damit.

Genial! – Aber was ist denn so genial daran, wo das Kind doch die Aufgabe gar nicht gekonnt hat? Genial sind erst mal die Eltern: Sie haben sich nicht eingemischt und so dem Kind die Freiheit des Spielenden gegönnt: selber probieren und nach eigenen Ideen spielen. Jedes Kind kann das, solange Erwachsene es nicht stören.

INS SPIEL VERTIEFT

Hier ein Kind im Sandkasten. Es sitzt einfach nur da und lässt Sand zwischen seinen Fingern durchrieseln. Wieder und wieder, schon eine ganze Zeit lang und ganz konzentriert.

Eine fordernde Elternstimme reißt es aus seinem Tun: «Nun spiel doch mal was Gescheites, Mira. Du sitzt ja nur rum. Was soll das? Dann können wir ja auch gleich wieder gehen.»

Warum behelligen die Eltern das Kind? Sind alle schon so auf Leistung getrimmt, dass es kaum noch auszuhalten ist, wenn einer da nicht mitschwimmt? Aber es ist doch ein Kind! Und es hat gespielt. Nach Art der Kinder. Allein das Material, der wunderbare Sand, hat seine Aufmerksamkeit gefesselt. Es macht ihm Freude, den Sand durch die Finger rieseln zu lassen, «einfach so».

Joachim Ringelnatz, der nachstehendes Gedicht verfasst hat, muss ein hervorragender Kinderbeobachter gewesen sein:

Das Schönste für Kinder ist Sand.
Ihn gibt's immer reichlich.
Er rinnt unvergleichlich
Zärtlich durch die Hand.
Weil man seine Nase behält,
Wenn man auf ihn fällt,
Ist er so weich.
Kinderfinger fühlen,
Wenn sie in ihm wühlen,
Nichts und das Himmelreich.
Denn kein Kind lacht
Über gemahlene Macht.

DIE KUNST, EINFACH MAL NUR IM HIER UND JETZT ZU SEIN

Ein selbst erschaffenes eigenes kleines Reich, wo man mal tagträumen kann – das brauchen Kinder ab und zu. Und suchen es sich auch. Doch hängt wie eine Art Glaubenssatz über allem: ‹Man muss doch etwas tun, sonst› … Ja sonst? Sonst wird man behelligt, wie in Loriots berühmtem Sketch:

Berta ruft: «Herrmann?» – «Ja?» – «Was machst du da?» – «Nichts!» – «Nichts? Wieso nichts?» – «Ich mache nichts!» – «Gar nichts?» – «Nein.» – «Überhaupt nichts?» – «Nein, ich sitze hier!» – «Du sitzt da?» – «Ja.» – «Aber irgendwas machst du doch!» – «Nein.» – «Denkst du irgendwas?» – «Nichts Besonderes.» – «Es könnte ja nicht schaden, wenn du mal …»

Dies oder jenes soll er machen, der Hermann, dabei beherrscht er doch die Kunst, einfach mal nur im Hier und Jetzt zu sein. Eine Kunst, die Kinder noch können und auch leben wollen.

So, wie das Kind in dem folgenden Beispiel, das nun schon eine geschlagene Viertelstunde aus dem Fenster schaut.

«Was stehst du da rum?», fragt die Mutter schließlich, «wenn du nichts Besseres zu tun hast, kannst du ja dein Zimmer aufräumen.» Warum bedrängt die Mutter das Kind? Es hat vielleicht gerade den Regentropfen zugeschaut, die auf der Fensterscheibe runterrollen, oder es hat auf der Straße etwas beobachtet.

Wer sein Kind stört, soll sich nicht wundern, wenn diesem irgendwann die eigenen Spielideen ausgehen.

Träumen und trödeln

Ein Kind, das äußerlich sichtbar «nichts» tut, ist vielleicht gerade in seine eigene Welt versunken und zeigt, dass es etwas Heilsames noch kann: sich – mitten im Alltag – einfach mal davon ausklinken, zu funktionieren, und in einer eigenen Welt sein. Das Talent dazu haben Kinder.

Auch dieses dreijährige Mädchen, das mit Papa den Fußweg einer Einkaufszone entlang läuft. Neben diesem Weg ist eine Wiese, übersät mit goldgelb blühendem Löwenzahn. Das Kind löst sich von Papas Hand, hüpft in die Wiese, berührt eine goldgelbe Blütensonne und noch eine und noch eine. Mit federnden Füßen bewegt es sich wie eine Blumenfee durch dieses kleine Stückchen Zauberwelt inmitten eines zubetonierten Gebietes.

Da, ein dringlicher Ruf vom Gehsteig: «Komm jetzt, wir müssen weiter!»

Doch mal ehrlich, haben nicht eben die Erwachsenen durch dieses Kind sehen gelernt? Eine Dame mit Einkaufwagen ist stehen geblieben. «Herrlich, wie sich die kleinen Kinder noch freuen können», sagt sie. «Was wären wir ohne sie? Ich wäre sonst glatt an der Wiese vorbeigelaufen und hätte die schönen Blumen gar nicht bemerkt.»

KINDER BRAUCHEN RÜCKZUGSRÄUME

Kinder haben ein Bedürfnis nach Rückzug aus dem Getriebe. Wenn ihnen etwas zu viel ist, wirken sie wie aufgedreht und finden gar nicht mehr ins Spielen. Da nützt dann kein gutes Zureden oder «eia beia, komm wir machen jetzt ein schönes Fingerspiel», sondern dass Eltern selber Ruhe geben: «Jetzt ist mal Sendepause!» – Wortlos geflüstert, ist so eine Angabe enorm wirkungsvoll. Der Verblüffungseffekt für das Kind: ‹Ich werde jetzt mal nicht zugetextet. Wie gut das tut!›

«Wir haben etwas entdeckt, was unserem Sohn hilft, wenn er so aus dem Häuschen ist», sagt eine Mutter. – Was denn? – «Er hat ein großes, weiches Lammfell geschenkt bekommen.

Das liegt in einer Ecke im Wohnzimmer. Wenn ich spüre, er wird wieder so hibbelig, dann begleite ich ihn dorthin und sage sinngemäß so was wie: ‹Hier kannst du ein bisschen für dich sein.› – Und das macht er auch tatsächlich. Nach fünf Minuten oder manchmal auch einer Viertelstunde ist er wie ausgewechselt und hat auch wieder Spielideen.»

Was zeigt die Schilderung dieser Mutter? Sie hat selber beobachtet, dass es ihrem Kind guttut, sich mal zwischendurch, während des Tages, zurückzuziehen. Was ist bemerkenswert daran? Die Mutter hat das Kind nicht mit Fernsehen oder sonstiger Elektronik ruhiggestellt, sondern ihm ermöglicht, seine Sinne wieder zu sammeln. Damit ist einerseits der Nachmittag gerettet, andererseits bekommt das Kind etwas an die Hand, was ihm weiterhin nützt. Es ist die Erfahrung: ‹Ich kann mir selber helfen.›

So wie dieses Kind braucht auch jedes andere die Möglichkeit zum Rückzug. Kinder bauen sich solche Rückzugsorte auch gerne selber.

KINDER BRAUCHEN AUCH MAL ELTERNFREI

Kinder lieben es, wenn etwas eng und klein ist, wo sie gerade noch hineinschlüpfen können. Da sitzt der knapp Zweijährige unter seinem Kindertisch und ruft freudig: «Haus, Haus!» Die Älteren bauen sich ihre Rückzugsorte gerne mit Decken und Spieltüchern (siehe S. 178) über dem Wohnzimmertisch, und darunter ist dann ihr Reich, wo sie mal für sich spielen können. Manchmal wird das dann noch ganz gemütlich mit allerlei Dingen ausstaffiert, und Kinder sind in dieser Zeit den Elternblicken entronnen. Sie brauchen das und sollten nicht durch übertriebene Ordnungsliebe ausgebremst werden.

Auch am Spielplatz ist es wichtig, Kinder unbehelligt selber ins Spiel finden zu lassen.

Ein Vierjähriger mit Mama auf dem Spielplatz. Er rennt zu einem Klettergerät. Mama hinterher, sie bewacht jeden Tritt. Da dreht sich der Bub um und sagt: «Lass mich, ich will allein runterfallen!»

Als Eltern können Sie ruhig mit einem Buch auf der Bank sitzen (siehe auch S. 101). Die geborgene Nähe ist wichtig. Das Kind sieht Sie ja und wird schon selber kommen, wenn es Ihnen etwas bringen oder zeigen will. Lassen Sie es doch wenigstens in so einem überschaubaren Bereich einmal herumstrolchen. Ein experimentiergewohntes Kind wagt jeweils immer nur so viel, wie es sich selbst zutraut.

MEHR ZUTRAUEN UND FREIRAUM

Kinder brauchen unbedingt Freiraum, um eigene Erfahrungen zu machen – ohne unnötiges Einmischen oder Unterbrechen. Andernfalls spüren sie nie dieses Glücksgefühl, auf dem sich Selbstsicherheit aufbaut: «Das kann ich selbst!»

Kinder brauchen elterliches Zutrauen statt Helikopter-Eltern,[22] die ständig auf dem Sprung sind zu helfen. Sonst lernen sie, Angst zu haben. Vielmehr ist es notwendig, dass Eltern auch mal loslassen.

- Loslassen von Überversorgung, dass das Kind mal keine zwei Stunden ohne Snack oder was zu trinken auskommen.
- Loslassen von übertriebenem Sicherheitsdenken: «Das Kind kann sich wehtun.» Kinder fallen hin, Kinder verletzen sich. Und das ist kein Nachteil, denn nur dadurch, dass sie klettern, rennen, übermütig sind und eben auch mal stürzen, können sie ein sicheres Körpergefühl erwerben und ihre Grenzen und Möglichkeiten kennenlernen.
- Loslassen davon, Kinder immerfort zu hetzen. Lassen Sie sie doch mal in Ruhe in einer Blumenwiese – wenn es nicht gerade brandeilig ist.
- Loslassen von ständiger Beobachtung. Beherzt nein sagen, zur ‹GPS Kinderüberwachung›, denn das Gefühl, permanent beäugt zu sein, untergräbt die natürliche kindliche Spielfreude und das sich erst noch entwickelnde Selbstwertgefühl.
- Loslassen, alles und jedes zu maßregeln. *«Ich lasse die Kinder auch in der U-Bahn, wenn nur wenige Fahrgäste da sind, sich um die Festhaltestangen drehen. Da können sie ein bisschen von ihrer Bewegungsfreude ausleben.»*
- Loslassen zu klagen. «Das Problem ist, dass es keine anderen Kinder gibt, die auch rausgehen.» Das Klagen nützt ja nichts. Weiter hilft der aufbauende Blick: Wo geht es denn noch, dass die Kinder auch draußen unbehelligt spielen?

WO IST ES DENN MÖGLICH, DIE KINDER UNBEHELLIGT DRAUSSEN SPIELEN ZU LASSEN?

Ein paar Beispiele von Eltern, die die Brisanz erkannt haben, dass die weit verbreitete elterliche Überbehütung und Ängstlichkeit die Entwicklungsmöglichkeiten der Kinder einengt.

«Für mich», sagt ein Vater, «ist es ein Projekt, das zu erkunden. Wir hatten als Kinder so viel Freiheit, so viele Möglichkeiten, uns auszuprobieren und selber eigene Spielideen und Experimente umzusetzen. So gut es geht, sollen unsere Kinder das auch haben.»

Eltern berichten von Möglichkeiten, was heute noch geht:

- Wir gehen viel in die Natur.
- Wir haben extra wegen der Kinder einen alten Schrebergarten gepachtet, der sogar einen Kletterbaum hat.
- Ich fahre mit dem Fahrrad an eine bestimmte Stelle, wo die Kinder frei spielen können. Ich lasse sie dann und tue was für mich: Ich zeichne oder nehme meine Arbeit mit raus.
- Wir wandern und machen immer irgendwo ausgiebig Rast, wo Kinder Auslauf haben, selber zu spielen.
- Wir machen deswegen immer Ferien auf einem Bauernhof, wo es auch andere Kinder gibt und viel Freiraum möglich ist.
- Wir haben eine Elterninitiative um ein unbebautes Grundstück ohne Baurecht gegründet und erreicht, dass es Kindern zum Spielen zur Verfügung gestellt werden kann.

Es gibt sicher noch viele weitere gute Ideen. Welche noch? Es lohnt sich, Ausschau zu halten.

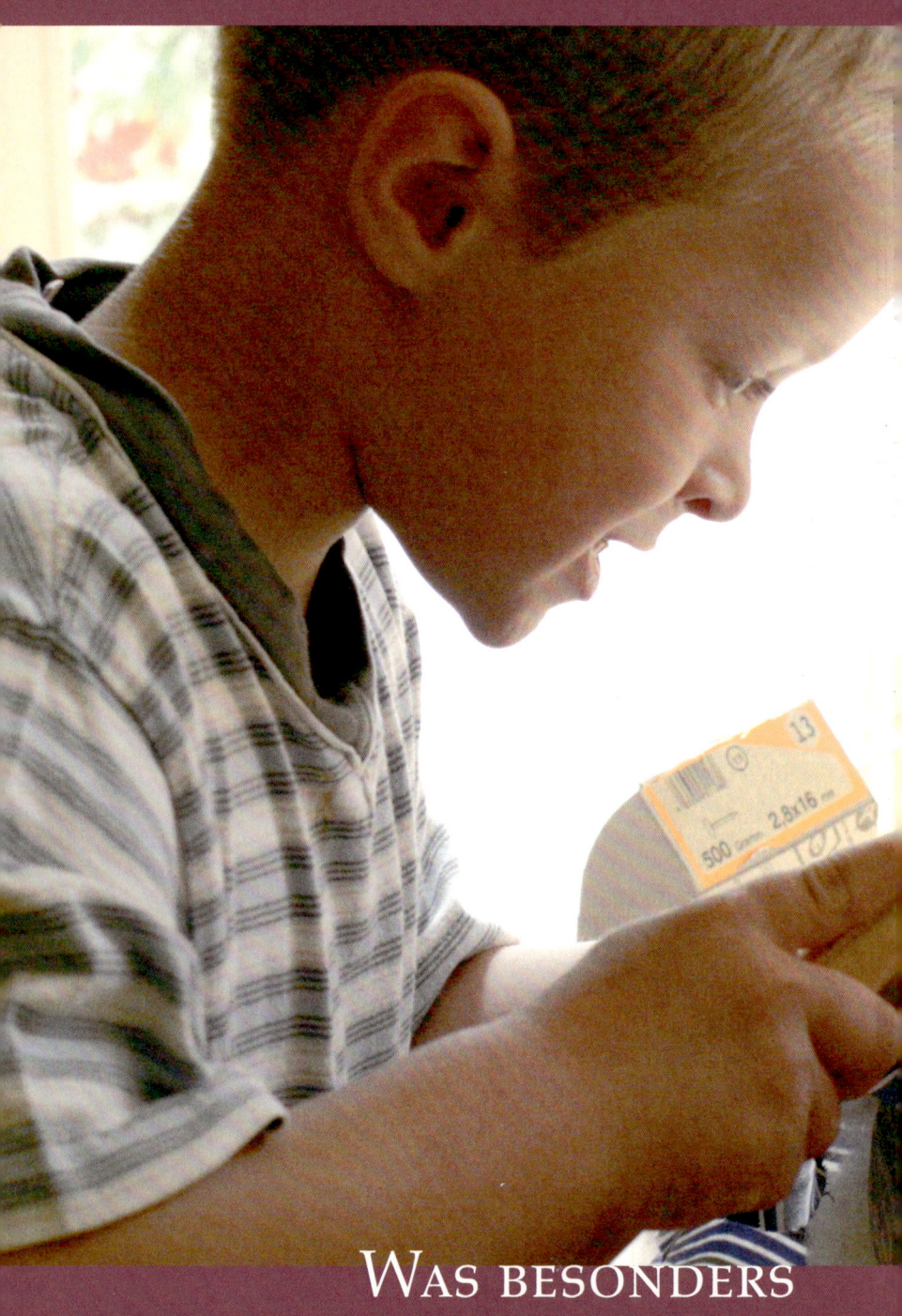

WAS BESONDERS

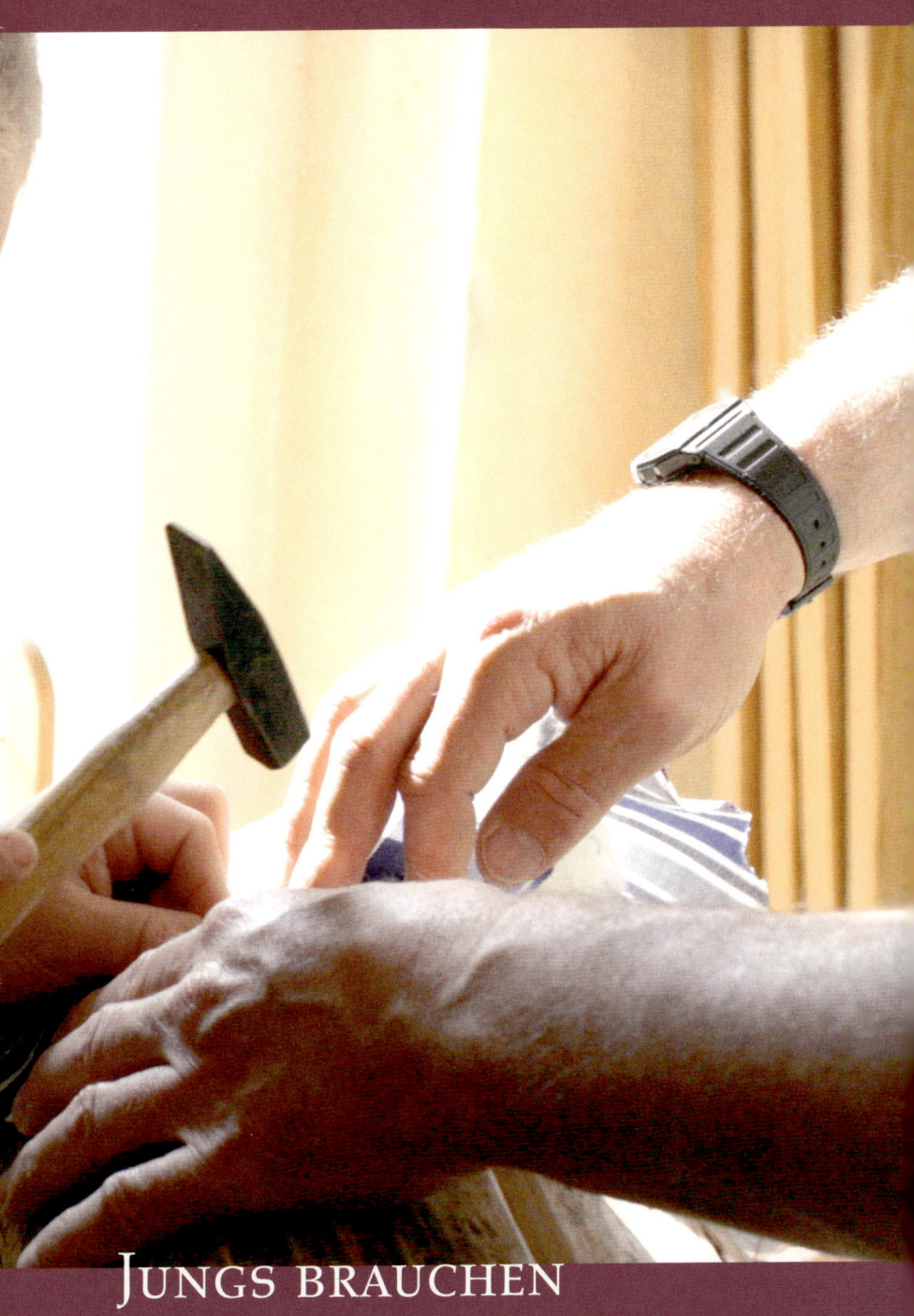

JUNGS BRAUCHEN

Ich bin ein Junge! Wer ist es mehr?
Wer's sagen kann, der springe
Frei unter Gottes Sonn' einher
Und hüpfe hoch und singe![23]

JUNGEN HEUTE

Jungen sind heute in Not, denn in der Mehrzahl sind es Jungen, bei denen Übergewicht, Verhaltensauffälligkeiten oder mangelnde Bewegungsgeschicklichkeit diagnostiziert wird.[24] Es sind meistens Jungs, denen Rezepte für Therapien verordnet werden oder für die ein Vorstellungstermin bei einem Kinder- und Jugendpsychologen empfohlen wird. Überwiegend sind es Jungs, die bei Schuleingangsuntersuchungen zurückgestellt werden oder die auf Sonderschulen geschickt werden.

Dieses Phänomen, dass vor allem Jungen von Entwicklungsdefiziten betroffen sind, macht hellhörig. Denn einst kamen sie doch neugierig und offen zur Welt, und alle Herzen flogen ihnen zu: «Und du warst so ein süßes Kind. Du warst so süß!»[25] Wieso kommt es dann, dass viele im Laufe ihrer Kindheit so ins Hintertreffen geraten?

Was brauchen Buben? Was ist anders?

BUBEN INTERESSIERT BEWEGUNG UND STÄRKE

Buben haben wunderbare Anlagen – wie alle Kinder: Sie sind wissbegierig, mitfühlend, liebevoll und hilfsbereit. Doch sie haben auch mehr auf Jungs ausgerichtete Schwerpunkte. Bereits wenn sie klein sind, zeigen sie ein besonderes Interesse an Bewegung und Stärke.

Was ist es denn, dass ein Zweieinhalbjähriger dermaßen

begeistert ist, wenn ein Handwerker ins Haus kommt – «der Mann mit der Bohrmaschine», der «drn drn» macht –, und der Junge spielt das wochenlang nach, während es an der Zwillingsschwester spurlos vorbeigeht? Wieso wollen Jungs unterwegs ausführlich stehen bleiben und zugucken, wie die Müllcontainer geleert werden, dicke Kabel von einem Lastwagen abgeladen werden oder wenn ein Traktor, ein Bagger oder Kran in Aktion ist? Während Mädchen von solchen Ereignissen viel weniger ergriffen sind, wollen Buben das, was sie sehen, auch lautstark nachspielen.

Buben wollen nicht immer lieb und nett spielen

Buben wollen stark sein und auch mal laut sein dürfen.

«Bau'n wir uns ein Auto?», sagt der Fünfjährige zu seinem Spielfreund. Ein Hocker wird umgedreht. Beide wollen sich da hineinquetschen. Geht nicht. Ein umgedrehter Stuhl wird dicht rangeschoben. Hintereinander sitzend, mit den Beinen anschiebend und gefühlte Lautstärke 10 geht's los: «Eeeen, dschnn, dschnn …» Und weiter: «Das sollte kein normales Auto sein. Wir spielen lieber, dass es ein Tita-Wagen ist.» – Noch einen Tick lauter: «Tati-tata, tati-tata.» Einer der beiden ruft:«Halt, warte, ich brauch' noch was», und er holt sich einen Stock und eine Muschel. «Das ist mein Sprechfunkgerät», sagt er. Er hält sich die Muschel ans Ohr und spricht in den Stock hinein. Die Fahrt kann weitergehen.

Jungs wollen sich jungenhaft zeigen, sie wollen auch mal was riskieren. Wenigstens ein bisschen.

Auf einem Ferienbauernhof gibt es einen Bollerwagen. Wenn die Mädchen ihn haben, dann sind sie völlig zufrieden, ihre Puppen in ihn zu betten und sie herumzufahren. Doch kaum haben ihn die Buben, wird er großräumig ausgefahren und auf einen Abhang gezogen, wo es wagemutig über Stock und Stein wieder abwärts geht. Das finden die Mädchen verlockend. Sie wollen auch mit. «Holt euch halt auch einen Wagen», tönen die Buben keck. Irgendwann haben die Mädchen tatsächlich noch einen weiteren aufgetan. Und jetzt rumpeln sie miteinander hinunter. Vorne ein Mädchen, hinten ein Bub. Die Mädchen kreischen ängstlich-mutig-freudig. Während die Buben eher stark tun.

«ICH WILL WILD SEIN»

«Ich will jetzt nicht mehr Vater, Mutter, Kind spielen», sagt der Fünfjährige, «ich will wild sein!» – Die Mutter: «Furchtbar. Früher, wo er noch klein war, war alles viel einfacher. Wieso können die Buben nicht einfach mal bisschen ruhiger sein?»

Wild sein ist unerwünscht in unserer machbaren Kultur. Und laut sein erst recht. Doch Buben wollen es und brauchen es und verlangen danach.

«Könnt ihr nicht mal leise spielen?»

«Könnt ihr nicht leise spielen? So wie die Mädchen, die können das doch auch. Warum ihr nicht?!»

‹Können wir nicht, wir sind keine Mädchen. Wir wollen auch Bubensachen machen. Doch wo denn? Und überhaupt, wo sind denn noch andere Jungs? Na gut, im Kindergarten, aber da sollen wir auch immer leise sein.

Was sollen wir eigentlich machen? Überlegt doch mal. Wo können wir mal richtig toben und rennen? Ach, und dann gibt es viele von uns, die viel zu sehr verpimpelt werden. Nichts dürfen sie allein ausprobieren. Stets ist ein Erwachsener zur Stelle, der ihnen alles abnimmt und immer gleich ein Drama macht, wenn einer mal hingefallen ist.

Wir sind rundum versorgt. Kaum mucken wir einmal auf, kriegen wir etwas zu naschen oder zu trinken und jede Menge Spielzeug. Immer ist alles da – aber wir wollen lebendig sein und laut sein.

Was glaubt ihr eigentlich, warum wir so gerne stehen bleiben, wenn wir Männer sehen, die am Bau arbeiten? Weil da Kraft ist. Wir wollen Kraft erleben. Und auch selber Kraft zeigen.

Darum könnt ihr uns ruhig auch was zumuten und sagen: Nein, du kannst dieses Stück jetzt zu Fuß laufen. Nein, ich trage dich nicht. Und wenn wir dann zetern und schreien – belohnt uns besser nicht mit Betüddeln. Wir lernen sonst nie, wie wir in unsere Kraft kommen.

Wir rütteln an den unsichtbaren Mauern. Habt ihr nicht

was anderes für uns, als uns zu sagen: ‹Ruhe, still, spielt so schön leise wie die Mädchen?› Wir wollen uns austoben, Kräfte einsetzen und nicht auch noch im Café oder Restaurant still sitzen, bis uns vor lauter Ruhegeben und dem Verlangen, pflegeleicht zu sein, irgendwann der Kragen platzt. Hilfe, hört ihr uns?

Wir wünschen uns, dass ihr euch für uns interessiert, statt nur mit halbem Ohr zuzuhören.›

BUBEN WOLLEN DAS JUNGENHAFTE ZEIGEN

Und vielfach begegnet den Jungs dann so etwas:

Eine Erzieherin fragt kurz vor dem Faschingsfest, als was die Kinder sich verkleiden wollen. Neun von zehn Mädchen wünschen sich «Prinzessin». Kein Thema für Timmi (sechs Jahre alt). Er sagt: «Ich werde Ritter.» – «Muss das sein? Kannst du nicht Gärtner werden oder so was?» – «Nein, Ritter!» – «Na, dann aber ohne Schwert!»

Eher sind Buben heute im Kaufhaus anzutreffen, wenn Kinderschminken gratis angeboten wird, als draußen beim Spielen.

Bitte nichts Wildes! Ritter – aber ohne Schwert! Zu zweit auf der Schaukel stehen – du lieber Himmel, kommt sofort runter! Nicht so hoch! Nicht so weit! Nicht so wild! Vorsicht! Leise! Halt! Stopp! Auf Bäume zu klettern ist verboten. Und raufen, wer der Stärkere ist, auch.

Doch Buben wollen sich selbst kraftvoll zeigen. Und wenn sie dann ausbüxen, weil ihr Bewegungstrieb drängt, werden sie leider oft grundlos zurückgepfiffen. Jungs genügt es nicht, nur so ein bisschen «ausgelüftet» zu werden, sie brauchen mehr als Schritt vor Schritt beim Sonntagsspaziergang durch einen Stadtpark.

JUNGS NICHT UNNÖTIG AUSBREMSEN

Sie stören doch niemanden, diese beiden Buben, die da mit erfrischendem Kinderlachen zwischen den Parkbänken rennen und Fangen spielen. Manche Leute bleiben stehen und gucken schmunzelnd zu. Nicht jedoch der Vater. Er eilt hinterher, bis er einen der beiden am Ärmel erwischt, und ruft wütend: «Schluss jetzt! Ihr sollt nicht so rumrennen. Wie oft soll ich das denn noch sagen!»

‹Ach, Papa. Ach, liebe Eltern, wart ihr nicht selbst einmal jung?›, könnten uns diese Buben innerlich zurufen. Ist das Beispiel ein Einzelfall? O nein, es gibt sie zuhauf, die Kinder, die in ihrem Spiel ausgebremst werden.

Oder dieser Siebenjährige. Er ist an einem strahlenden Wintersonntag mit Papa unterwegs. Es hat geschneit. So richtig schön Pappschnee! Viele Menschen sind draußen. Und da und dort sind schon einige dabei, Schneemänner zu bauen. Der Junge will auch. «Na – aber höchstens fünf Minuten», sagt der Vater. Der Bub beginnt. Er müht sich und ist eifrig dabei. «Komm auch, Papa!», ruft er. – «Nee du. Zwei Minuten noch», sagt dieser mit Blick auf sein Handy. Und kurz darauf: «Over!» – Der Bub ist noch vertieft in sein Spiel. «Over, sag ich», drängt der Vater, «nun komm endlich.» – Der Sohn löst sich von seinem angefangenen Schneemann. Was bleibt ihm anderes übrig? Er kommt dann eben mit.

Wie sollen die kleinen Helden einmal ihren Mann stehen, wenn ohne Not ihre Spielfreude ausgebremst wird und sie erleben: So, wie ich bin, bin ich nicht recht?

KLEINE HELDEN MIT GESTUTZTEN FLÜGELN

Was der Bubenkraft abträglich ist, sind übertriebene «Lieb-und-nett-Vorstellungen». Doch solange ihre Flügel noch nicht völlig gestutzt sind, suchen sich Jungs Gelegenheiten, untereinander zu kämpfen.

«Wir haben zu unserem Sohn immer gesagt: ‹Keine Gewalt› – und jetzt passiert so was», klagt die Mutter von Jörg. Eben wird sie durch lautes Gejohle aufgeschreckt. Sie eilt aus dem Haus, um nachzusehen. Ist doch da ihr Sechsjähriger und spritzt mit einer Wasserpistole die Nachbarkinder an. «Ich war so sauer», berichtet die Mutter später. «Ich habe ihn gleich zur Rede gestellt, woher er die Wasserpistole hat und dass man andere Kinder nicht verletzen darf. Ich habe ihm dann Hausarrest

gegeben.» – *«Woher war denn die Wasserpistole?»* – *«Von den Nachbarn.»* – *«Aber trotzdem.»*

Ein Bub, der daran gehindert wird, seine Kräfte persönlich zu messen, kann keine Erfahrung machen, was wehtut und wie sich echte Auseinandersetzung anfühlt. Auffallend ist, dass hier häufig mit zweierlei Maß gemessen wird: Richtig miteinander raufen? «Huch, bloß nicht!», wehren viele Eltern gleich ab. Erstaunlich ist in diesem Zusammenhang aber, dass elterliche Bedenken in der Regel schweigen, wenn in sogenannten Kindersendungen verfolgt, gejagt, geschlagen oder plattgemacht wird. Der Wattebubi, der am Bildschirm zuguckt, wie andere aufeinander losgehen, schreit nicht, johlt nicht, ist eben pflegeleicht. Was für ein Zwiespalt! Wie wirkt er sich auf die Kinder aus? Mit dieser Frage sollten Sie sich als Eltern eines Jungen wirklich auseinandersetzen.

Buben wollen ihre Kräfte messen

Natürlich haben Eltern Aufsichtspflicht. Doch Vorsicht vor Übereifer! Denn Buben wollen Kräfte messen. Raufen und miteinander rangeln gehört dazu. Das verschafft sinnliche Erfahrungen, die Jungs keinesfalls schaden. Echtes Rangeln findet auf einer anderen Ebene statt, als wenn Buben sich mit einer Spielzeugpistole bedrohen, da dies ohne Körperkontakt und meist aus dem Hinterhalt geschieht. Beim Rangeln oder bei der Wasserschlacht hingegen stellen sich die

Jungen einander gegenüber – wie echte Helden – und erfüllen sich ein wichtiges Jungsbedürfnis: Sie stellen fest, wer der Stärkere ist.

Dann ist es eben mal laut, wenn sie spielen. Dann spritzen sie sich «in echt» mit Wasserballons oder Wasserpistolen an und spüren sich selbst und werden nass, anstatt das Entsprechende vor dem Bildschirm als Flashgame zu spielen. Dann raufen sie eben mal.

«Sollen wir etwa wegschauen, wenn die Jungs sich am Boden wälzen?», fragen die Mütter und Erzieherinnen jetzt. Wenn keine Gefahr im Verzug ist: Ja!

Wenn Jungen diesen Teil ihrer Männlichkeit ständig unterdrücken müssen, dürfen wir uns nicht wundern, dass die Polizei über zunehmende Brutalität bei Jugendlichen klagt, über Fünfzehnjährige, die noch zutreten, obwohl ihr Opfer schon wehrlos am Boden liegt. Mit ein Grund dafür ist, dass viele gar nicht wissen, was sie mit ihren Tritten oder Schlägen anrichten. Weil sie als Kinder nie spielerisch gekämpft haben. Weil Kämpfen tabu war.[26]

UND WENN ES ZU WILD WIRD?

Und wenn eben doch «Gefahr im Verzug ist» und mehrere auf einen losgehen und unfair gerangelt wird? Wenn Eltern das mitbekommen, dann ist es natürlich notwendig, sich die Bande vorzuknöpfen und an Fairplay-Regeln zu erinnern:

Fairplayregeln
- Nie mehrere gegen einen, sondern immer eins zu eins.
- Kratzen, spucken, beißen, an den Haaren reißen, einen anderen am Hals packen gilt nicht.
- Wenn einer «Stopp» ruft, ist Schluss. Ebenso, wenn einer am Boden liegt. Das verstehen Buben.

Wie eine Mutter unaufgeregt mit Bubenbalgerei umgeht, zeigt die folgende Kindheitserinnerung.[27]

«Wir spielten sehr vergnügt zusammen. Weil aber allen Knaben die Kampflust angeboren ist und sie ihre Kräfte gegeneinander versuchen wollen, so kam es auch zwischen uns bald zum Balgen und Ringen. Dabei galt es als höchst unwürdig, einander in den Haaren zu raufen. Ich setzte das als stillschweigende Bedingung bei meinem fürstlichen Gegner voraus; da er indessen, als ich einmal im Vorteil war, mir in die Haare fuhr, so tat ich dasselbe mit solcher Vehemenz, dass er in ein fürchterliches Geschrei ausbrach. Der ganze Salon eilte herbei.» Als die fürstliche Mama ihren Sohn in Tränen fand und «der Prinz nicht leugnen konnte, dass er mir zuerst in die Haare gefahren sei», nahm die Mutter ihren Sohn nicht etwa in Schutz, sondern sagte zu ihm: *«Siehst du …, wer ausgibt, muss auch einnehmen!»*

GRUNDBEDÜRFNISSE – WAS BUBEN BRAUCHEN

Es gibt ein paar wesentliche Grundbedürfnisse von Jungs, die jeder Erwachsene berücksichtigen kann:

- Buben brauchen nötige Erziehungsbotschaften – knapp, klar, ohne ewiges Diskutieren.
- Buben wollen ihr Gesicht wahren. Wo es geboten ist einzuschreiten, kurz und eindeutig die Grenze aufzeigen. Weiteres unter vier Augen klären – nie vor Zuschauern. Vor anderen zurechtgewiesen zu werden gilt bei vielen Jungs als Gesichtsverlust.
- Buben wollen auch mal laut spielen dürfen.
- Buben wollen Kräfte messen dürfen, statt falsche Harmonieseligkeit haben zu müssen.
- Buben wollen sich austoben und sich kraftvoll erleben.
- Buben brauchen täglich Bewegung und Auslauf.
- Buben nicht zu Bewegungsstau verdonnern. Stubenarrest macht unausgeglichen und aggressiv.
- Buben in der Natur spielen lassen – nicht nur ein bisschen auslüften und sie ausbremsen (siehe S. 129ff.).
- Buben wollen was riskieren
- Buben brauchen männliche Vorbilder, um ihre Identität zu entwickeln.
- Buben suchen männliche Bestätigung. Eine Anerkennung, die ein Bub vom Vater oder überhaupt von einem Mann erfährt («Das hast du gut gemacht», «Ich bin stolz auf dich»), ist fast wie ein Orden und stärkt ihn in seinem Selbstwertgefühl.

Jungs brauchen genügend Gelegenheiten, sich auszutoben

Das sollte auf jeder Litfaßsäule stehen und überall laut herausposaunt werden: «Buben brauchen so viel Eigenbewegung wie möglich und Gelegenheiten, sich auszutoben und dabei auch mal außer Atem zu kommen und sich selber wieder zu spüren.»

Gerade in unseren eher beengten Wohnverhältnissen, wo Kinder nicht mehr einfach so vor die Tür können, ist der «Hilferuf» (siehe S. 74f.) dringend ernst zu nehmen. Wo können heutige Buben ihre Kräfte erproben und frei spielen? Jeder, der Buben erzieht, ist gefordert, sich hierzu praktische Gedanken zu machen und sich zu fragen: Hat der Junge genug Gelegenheit zur Eigenaktivität? Trauen wir ihm etwas zu? (Siehe auch S. 65f.). Ist er täglich an der frischen Luft, sodass er wenigstens rennen, klettern oder sich in anderer Weise irgendwie austoben kann?

Und wenn ein Junge mal so richtig unausgeglichen ist? Dann sollte es keinen Bewegungsstau geben mit Spielen wie «stiller Stuhl» oder Ähnlichem, sondern das Motto heißt: rausgehen!

Eine Bubenmutter berichtet von ihrem Erfolgsrezept: «In solchen Momenten ziehen wir ihm die Jacke an und gehen mit ihm radeln. Nach zehn Minuten ist der Zorn verflogen. Nach einer halben Stunde ist er bestens gelaunt. Und nach einer Stunde fix und fertig und schläft fast über seinem Eis ein.»[28]

EXPERIMENTIERECKE

Was Buben – wie auch Mädchen – gut brauchen können, ist eine Experimentierecke zu Hause, zu der sie ungehindert Zugang haben. Ab drei Jahren kann es schon heißen: «Da sind deine Werkstattsachen.» Ein fester Ort für Malpapier und Stifte, Wachskreiden, Knetwachs und Schnur. Auch eine Schere, sobald die Eltern es erlauben. Dominik hat zum Beispiel einen alten Kindertisch als Arbeitsplatte, wo er eigenständig seine Sachen bearbeiten kann.

Das lieben Jungs: eine eigene Werkzeugkiste. Was ist denn drinnen? Bubensachen, denen der Kinderfreund Reinhard Mey eine Liedstrophe gewidmet hat:

Mögen auch allzeit Nägel, Murmeln, Strippe, Litze,
Kleister, Brausepulver, Buntstifte und Feuerstein,
Schraubenzieher, Isolierband, Knete und Lakritze
reichlich in deinen Hosentaschen vorrätig sein.[29]

Taschenmesser und Schnitzmesser, Feile, Raspel und Holzstücke zum Bearbeiten: diese Dinge sind ab dem Moment möglich, wo Sie als Eltern Ihr Kind ausreichend angeleitet haben, wie sie zu handhaben sind.

JUNGEN BRAUCHEN MÄNNLICHE VORBILDER
UND ZUWENDUNG

Ein erwachsener Mann kriegt heute noch glänzende Augen, wenn er berichtet: «Zu meinem vierten Geburtstag bekam ich eine richtige Werkbank aus Holz von meinem Schreinerpapa selber gefertigt, und die stand in der Werkstatt genau neben seiner!»

Das Ideal für den Jungen: Papa als «Mann der Tat», der etwas Sichtbares herstellt und es seinem Sohn ermöglicht, auch direkt neben ihm zu arbeiten.

Was kann denn ein «Büropapa» machen? Kann Papa schnitzen? Klar kann er, wenn schon kleine Buben mit fünf das können.[30] Andere Möglichkeiten? Häusliche Reparaturen so weit wie möglich selbst erledigen.

Der Vater von Fabian handhabt es so: «Wenn es irgendwas zu richten gibt oder das Fahrrad einen Platten hat, hol ich mir ein entsprechendes Tutorial aus dem Internet. Außer Elektro mach ich fast alles selbst. Fabian ist begeistert, wenn ich zu ihm sage: ‹Wir Männer machen das jetzt.›»

Wo kein Papa zur Hand ist, ist das Fahnden nach anderen männlichen Vorbildern wichtig. Großväter brauchen da oft einen Tipp, zum Beispiel die Frage: Was hast du denn als Junge gerne gemacht? Dann kommen meist herrliche Ideen in Gang.

Mal nur «wir Männer»

Wichtig für Söhne, mal nur mit Papa etwas zu unternehmen.

Ein Vater geht mit seinen Söhnen ab und zu zum Zelten. «Gar nicht weit weg», sagt er und berichtet, wie gut das tut.

Ein anderer macht mit seinem Sohn ab und zu einen «Männerausflug»; sie wandern. «Mal nur wir beide, das ist sehr unkompliziert und macht mir selber Freude», sagt er.

Eine geniale Idee, die es verdient hat, dass Mamas loslassen und der Sache Zutrauen entgegenbringen. Und dass sie die Männer zusammen mit den Kindern die Sachen auch selber einpacken lassen. Das ist wichtig, denn damit fängt das schöne Abenteuer schon zu Hause an, und die Vorfreude steigt. Und wenn nicht alles dabei ist und so perfekt, wie wenn Mama gepackt hätte, dann wird improvisiert.

Ein anderer Vater erzählt begeistert von einem Vater-Kind-Wochenende auf dem Land, zu dem er sich mit seinem Sohn angemeldet hatte. «Vielmehr hatte mich meine Frau auf die Idee gebracht, und die Sache auch unterstützt, weil sie fand, dass ich zu wenig für unseren Sohn da bin. Abends wurde dort ein riesiges Lagerfeuer in Gang gebracht. Mit Geschichte-Erzählen und Singen. So ganz klassisch. Wir saßen mit den anderen außen rum. Und mein Sohn dicht neben mir. Auf einmal legte er seinen Kopf an meine Seite und sagte aus tiefstem Herzen: «Das ist so schön. Das soll nie mehr aufhören.»

Tipps für jeden, der den Buben das Wildsein verbieten will

‹Mach bitte zehn Vorschläge, wo die Jungs wild sein dürfen. Sie brauchen das.› Diese Aufgabe haben sich Erzieher und Kolleginnen in einem Kindergarten gestellt, wo Buben mit den üblichen Angeboten und mit «Lieb-und-nett-sein-Sollen» unterfordert waren. Sodass die Erwachsenen sich jetzt etwas einfallen lassen mussten. Es sollte etwas sein, bei dem die Buben auch «Fairplay-Regeln» mitbekommen, da die Erwachsenen beobachtet hatten, dass die Kinder oft sehr unfair miteinander rangelten und über die Grenze hinausgingen und anderen wirklich wehtaten.

Und darauf einigte man sich dann: Ritterspiele. Das sah so aus:

Zunächst brauchten die Kinder überhaupt erst mal ein Bild, dass «Ritter sein» sich nicht auf Kettenhemd und Schwert reduziert, sondern dass es da einen genauen Ehrenkodex gibt mit ganz klaren Regeln (siehe S. 79f.). Und an den halten sich echte Ritter.

Ritter sein muss man natürlich üben, damit man richtig Kraft hat. Und Heldenzeit ist draußen im Freien. Im Freispiel.

Es gibt eine Ecke im Garten, das ist der Ritterbereich. Da ist immer mindestens ein Erwachsener. Und dann gibt es da in der Draußen-Spielzeit Ritterspiele. Vorher werden ganz klar die Grenzen abgesteckt, und die Regel lautet auch: Wer die Regel verletzt, spielt nicht mehr mit.

Ritterspiele

- *Balancieren* in verschiedenen Variationen: vorwärts, rückwärts, mit verschränkten Händen. Für alle Kinder.
- *Purzelbaum* machen. Wieso gerade Purzelbaum? Das brauchen die Ritter – und auch die Damen –, damit sie ihren Sturz gut abfangen, falls einer vom Pferd fällt.
- *Wettrennen mit Ritter-Huckepack:* Das lieben die Buben, und da brauchen sie wirklich Kraft. Wie geht denn das Spiel? Zwei mal zwei gleich starke Jungs sind jeweils «Ritter» und «Pferd». Jedes «Pferd» nimmt seinen Reiter Huckepack. Von einer festgelegten Startlinie aus geht es auf «Eins, zwei, drei und los» um die Wette ins Ziel.
  Das Spiel eignet sich für Kinder ab fünf. Für die Jungs ist es bereits anregend, zu schauen: ‹Wer ist ungefähr gleich stark wie ich?› Das funktioniert interessanterweise. Indem wir die Kinder das selbst herausfinden lassen, sind sie aufmerksamer und nehmen einander überhaupt viel mehr wahr. Allein damit, das auszuprobieren, sind die Kinder schon beschäftigt.
  Und dürfen da nur Buben mitmachen? Mädchen dürfen natürlich auch, aber viele gucken lieber zunächst nur zu – bevor sie dann selber mitspielen.
- *Rempelkampf:* Zwei Buben sind die Ritter. Als Kampfplatz wird mit einem Tau eine Kreisfläche abgegrenzt. Und es gelten diese Regeln: Die Hände der Ritter müssen auf dem Rücken bleiben. Gekämpft wird nur durch Anrempeln mit den Schultern. Vor dem Turnier verneigen sich die Ritter voreinander. Auf ein Signal hin beginnt das Kräftemessen.

Wer beim Kampf den anderen umschmeißt, hat gewonnen. Ehrensache ist, dass der Sieger dem Besiegten die Hand zum Aufstehen reicht.

Bei diesen Ritterspielen spielten auch Mädchen mit. Bei Wettrennen und Rempelkampf schauten sie jedoch lieber zu. Solche Spiele kann man auch beim Bubengeburtstag spielen – oder beim Ausflug zu mehreren im Freien.

IM VORSCHULALTER

Von null bis drei: handeln im Augenblick
Von drei bis fünf: handeln und verwandeln
Von fünf bis sieben: überlegen und handeln

Von null bis drei: Spielphase ‹Kleinkindalter›

Lassen wir also die Kinder spielen – wirklich frei und eigenständig. Und staunen wir, wie sich das Spiel der Kinder, die nicht von Spielzeugflut erdrückt sind (siehe S. 161ff.) und das Spielen gewohnt sind, in den ersten Lebensjahren wandelt. Von null bis sieben gibt es im Wesentlichen drei Etappen mit einem jeweils sehr eigenen Charakter.

Betrachten wir zunächst das Spiel des Kleinkinds – von den ersten spielerischen Regungen des Babys bis zum Alter von drei Jahren.

Ankommen – und sich beheimaten

Ein Wunder, wie sich die kleinen Erdenbürger von null bis drei in so kurzer Zeit aus einer völligen Hilflosigkeit zu einem springenden, sprechenden, singenden Sausewind herausarbeiten. Diese impulsive Lust zur Entfaltung fällt auf. Bereits Babys können allein spielen. «Jedes Kind, das wach und satt ist und sich geborgen weiß, wendet sich neugierig seiner Umgebung zu», schreibt Emmi Pikler.[31]

Da Eltern an dieser Stelle oft sagen: «Aber meins nicht!», stellt sich die Frage: Was ist denn gemeint mit «wach, satt und geborgen»? Wach, satt und geborgen ist ein Baby, wenn Eltern ihm in den Zeiten, die sie ohnehin mit ihm verbringen, hundertprozentige Aufmerksamkeit widmen. Also wenn das Baby genährt, gewaschen, abgetrocknet und gepflegt wird.

«Das tue ich doch», heißt es oft. Näher besehen zeigt sich allerdings häufig, dass bei der Pflege, beim Stillen oder Füttern im Hintergrund der Fernseher läuft oder das Handy bedient wird. – Was macht das schon? Ein Baby kränkt das zutiefst, denn es ist emotional vollends ausgerichtet auf Mama, Papa oder eine andere Bezugsperson. Spürt es, dass ihr liebster Mensch mit seinen Emotionen nicht bei ihm, sondern ganz woanders ist, kann es sich nicht geborgen fühlen. Kein Wunder, dass es dann in den Zwischenzeiten versucht, irgendwie doch noch Zuwendung zu bekommen; wohingegen ein Baby, das in den gemeinsamen Zeiten genügend Aufmerksamkeit bekommen hat, anschließend gerne für sich ist.

Kinder brauchen von klein an intensive gemeinsame Zeiten für Zuwendung und gemeinsames Spiel, ebenso aber Ruhe, um selber die Welt zu erkunden und zu spielen.

Erste Spiel-Entdeckungen

Ein Baby lockt alles, was ihm ins Blickfeld gerät, zum Spielen: Erst sind es die eigenen Hände und Füße, und dann ist es ein Tüchlein, das es zufällig ergreift. Nach und nach wird das Greifen gezielter, und alles will mit allen Sinnen ertastet und in den Mund genommen werden. Sobald Kinder sitzen können und sie schon auf einer Decke in der Küche teilhaben dürfen (siehe S. 38ff.), wird gerne untersucht, geklappert, etwas in eine

Schachtel eingefüllt und wieder ausgekippt. Dabei haben die kleinen Weltentdecker oft schon erstaunliche Ausdauer. Wenn sie etwas interessiert, können sie sich anhaltend damit beschäftigen, so wie die Einjährige im folgenden Beispiel. Doch eine Mutter stört sich daran:

«Aber mein Kind tut gar nichts Richtiges», meint sie, «den ganzen Tag füllt es nur Gegenstände in einen Eimer, und dann kippt es alles wieder aus. Ich hab ihm schon so oft gesagt, dass es das lassen soll, und trotzdem macht es das dauernd. Vielleicht sollte ich es mal fördern?»

Dieses Beispiel steht hier, weil Eltern oft meinen, das Spiel der Kinder verbessern zu müssen. Dabei ist es viel wichtiger, Kinder zu beobachten. In obigem Fall besteht aller Grund zur Gelassenheit, da doch dieses Kind eben dabei ist, sich selbst zu fördern. Denn es kann – noch – etwas sehr Wesentliches: konzentriert bei einer Sache bleiben, die es interessiert.

Später, in der Schule, wird dann von Kindern erwartet, dass sie konzentriert beim Thema bleiben. Im Spielen «üben» sie es freiwillig und gerne. Stören wir sie nicht dabei (siehe auch S. 58ff., 150 und 155ff.).

EXPERIMENTIEREN

Dieses Baby hat gerade die Rassel aus dem Wagen geworfen. Wo ist sie denn? Papa hebt sie auf. Das Baby strahlt und wirft

*sie noch mal raus. Wieso schaut Papa auf einmal so unfreund-
lich, gerade jetzt, wo es so spannend ist? Gut, dass er die Rassel wieder aufhebt! Also gleich noch mal raus damit. Warum
steckt Papa die Rassel jetzt weg? «Das machst du absichtlich»,
schimpft er. «Du willst mich ja nur ärgern.»*

Ja, so kann es scheinen, dass das Kind die Eltern nur auf Trab
halten will. Doch in Wirklichkeit ist es der natürliche kindliche
Spieltrieb. Selbstverständlich ist es völlig in Ordnung, wenn
Eltern sagen: «Nun ist aber Schluss.» Doch Ärger am Kind
auszulassen ist fehl am Platz.

WIEDERHOLEN IST UNENTBEHRLICH

Wenn also Ihr Kleinkind zum x-ten Mal an einem Tag den
Schrank ausräumt, dann nicht, um Sie zu ärgern, sondern zu
Forschungszwecken. Beobachten wir nur, wie sich ein kleines
Kind über Tage oder Wochen immer wieder die gleichen Ge-
genstände vornimmt. Wie es den verschiedenen Geräuschen
nachhört, die entstehen, wenn es damit hantiert. Wie von einer
inneren Intelligenz geleitet, wiederholt es seine Experimente.
Und durch dieses wiederholende Spielen prägt es sich Formen,
Qualitäten, Strukturen, Maße, Gewichte usw. ein.

*Auch dieser Eineinhalbjährige ist freudig und gleichzeitig
konzentriert bei der Sache. Heute gilt sein größtes Interesse
der Treppe im Hausflur. Raufkrabbeln kann er schon. Nun will*

er abwärts: Er tastet mit der Hand nach der ersten Stufe. Oh, da geht's aber tief runter! Dann lieber umdrehen und mit den Beinen voran. Hui, das klappt! Der Kleine nimmt mutig gleich die nächste Stufe. Und noch eine. Und noch eine – bis er den ganzen Treppenabsatz geschafft hat. Alles begleitet von seinen freudigen Rufen, die durchs ganze Haus schallen. Und wieder rauf. Und wieder runter. Was für ein Vergnügen!

«Das könnte er ewig so machen», sagen die Eltern. Zum Glück gönnen sie ihm die Spielfreude und lassen ihn eine Weile.

Schöne Augenblicke erhaschen

Kleine Kinder sind immer in Spielstimmung, falls sie nicht gehetzt werden.

Da steigt der Dreijährige vorne aus der Straßenbahn und winkt von draußen dem Fahrer zu, der gedankenverloren vor sich hin schaut. Ah, jetzt hat er ihn gesehen, diesen kleinen Buben, der ihm so freudig zuwinkt. Ein kurzes Lächeln huscht über sein Gesicht. Und das Kind strahlt.

Kleine Kinder können das noch: den Augenblick ergreifen und einfach etwas Schönes daraus machen. Halten Sie also öfter mal inne, liebe Eltern, und gönnen Sie es Ihrem Kind – und sich selber.

WAS KLEINKINDER GERNE SPIELEN

- In der Nähe des Erwachsenen ebenfalls tätig sein und mit dem spielen, was der Augenblick bietet. Gerne auch mit zweckentfremdeten Gegenständen (siehe S. 41f.)
- die greifbare Welt mit allen Sinnen erkunden
- etwas in ein Gefäß einfüllen, ausschütten
- Eigenbewegungsmöglichkeiten ständig erweitern und klingend freudige Laute dazu tönen
- irgendwo reinkriechen
- irgendwo raufklettern
- Verstecken: «Ich kann machen, dass mich keiner sieht.»
- Guck-guck: Wo bin ich? Verstecken in einer leeren Umzugskiste, hinter dem Vorhang oder sonstwo. Was für ein Vergnügen, wenn Erwachsene absichtlich etwas umständlich suchen: «Ja, wo ist denn der Paul?» Und auch wenn der Suchende das quietschvergnügte Stillhaltenwollen aus dem Versteck längst bemerkt hat: es erhöht den Reiz, wenn er ruhig noch ein wenig weitersucht – bis zum endlich erlösenden Ausruf: «Ach, da bist du!»
- Rennen – und sobald es gelingt – schon richtig schnell dem Erwachsenen davonlaufen. Das ist kein «Ärgern» (siehe S. 111f.), sondern Spielfreude. Was für ein Vergnügen, wenn der Erwachsene – selbst mitspielend – kaum nachkommt!

WAS DIE SPIELFREUDE DER KLEINSTEN BEFLÜGELT

- Freude am Nebeneinanderherwirken und -arbeiten, neben dem Erwachsenen
- Freude an «Kinderkultur», wie Kinderreime, Finger- und Gestenspiele, Singen, Tanzen
- Freude an Minispieltheater, wo ein Erwachsener ein, zwei Gegenstände, z.B. ein Stift, ein Tüchlein, einen Zapfen, wie Spielfiguren bewegt und etwas dazu erzählt und vorspielt[32]
- Mit einem Stift auf dem Malblock Spuren zu Papier bringen (siehe S. 174ff.).

VON DREI BIS FÜNF: SPIELPHASE ‹KINDERGARTENALTER›

SCHON ETWAS BEHEIMATET UND MIT NEUGIER WEITER

«Das Kind ist jetzt schon richtig groß», sagen Eltern stolz über ihren gerade Dreijährigen. Was ist passiert? In diesem Alter kennt sich das Kind schon aus und weiß, wie es so zugeht in seiner Welt ringsum. Im normalen Entwicklungsgang ist es jetzt ziemlich sicher in seinen Bewegungen und schon recht geschickt mit den Händen. Es versteht Zusammenhänge und kann sich bereits ganz gut ausdrücken. Zunehmend sagt es nun auch «ich» zu sich. Es verfügt über mehr Ausdauer.

Es ist, als wäre ein Knopf aufgegangen: Jetzt öffnen sich Kinder auch nach außen. Das Zusammenspiel mit anderen wird wichtig.

FREUDE AN WORTSPIELEREIEN

Ab drei ist der Wortschatz der Kinder – normalerweise – schon recht umfangreich. Sie kennen bereits die einzelnen Wörter und Zuordnungen und freuen sich an Wortspielereien: Absichtlich «umgekehrte Welt» verstehen sie schon.

«Was ist das?», fragt Claudia und zeigt auf eine Gabel. Papa: «Ein Teller.» – Herrliches ansteckendes Lachen. Nun deutet Claudia auf ein Buch: «Was ist das?» – «Ein Bleistift.» In diesem Sinne geht es zwerchfellhüpfend weiter.

Ab dem dritten, vierten Lebensjahr, wenn die eigene Sprache schon vertraut ist, lieben Kinder auch «Kunstsprache».

Der Großvater zum Enkel: «Kabadididu? Wojo Knolla dadi dem.» Der Kleine lacht sich schief über solches Geplauder und probiert es auch.

So kleine Zwischendurchspiele mit den Erwachsenen sind selbstverständlich willkommen – doch das Wesentliche ist, dass Kinder ihre Spielideen selber entwickeln.

KINDER KÖNNEN IMAGINÄR SPIELEN

Georg, gut drei Jahre alt, auf dem Spielplatz. Mama sitzt auf der Bank und liest ein Buch. Wo ist Georgs Spielzeug? Hat er es vielleicht vergessen? Er ist trotzdem vollauf beschäftigt. Er balanciert auf dem Mäuerchen. Dann findet er so einige Naturmaterialien. Schließlich kommt er zur Mutter: «Magst du Kaffee?» – «O ja, sehr gerne.» – «Magst du auch Zucker?» – «Nein danke. Aber ein Glas Wasser, bitte.» – Nun wird serviert: Ein Zapfen ist der Kaffee. Ein Blatt das Wasser. – «Jetzt gibt's noch Müsli», sagt Georg, «magst du Müsli? – «Wundervoll. Ja, ich liebe Müsli.» – Alles wird serviert. Und probiert und von Mama gebührend gewürdigt. Dann ruft Georg: «Jetzt muss ich noch was anderes arbeiten», und er steuert auf etwas Neues zu.

Ein gleichaltriges Kind wird gerade von den Eltern im Kinderwagen herangefahren und mit Spielideen versorgt:
«Willst du schaukeln? Komm wir gehen schaukeln.» Die Eltern schaukeln das Kind. Dann wird der große Sack mit den Spielsachen ausgekippt. Die Eltern klopfen Sandförmchen voll: «Schau, so ein toller Kuchen, probier doch auch mal.» Die Eltern sind ständig am Animieren. Das Kind kann und darf nichts allein machen.

Was ein Kind nicht ausprobieren darf, kann es nicht können. Das ist schade für das Kind. Wer nicht in Ruhe gelassen wird, selber zu spielen, der verliert seinen natürlichen Spieltrieb.

‹Ich bin schon gross›

- ‹Ich bin schon groß! Aber lasst mich auch und haltet mich nicht klein, so wie viele meiner Altersgenossen, die jetzt immer noch im Kinderwagen gefahren werden und manchmal sogar noch einen Schnuller bekommen. Bitte nicht!
- Ich will selber spielen. Ich mag alles nachspielen, was ich so im Alltag erlebe. Ihr dürft in der Nähe sein. Aber stört mich nicht.
- Ich will Sachen ausprobieren und klettern und balancieren und Purzelbäume versuchen und leicht sein und rennen.
- Ich will selber auch wichtige Sachen machen und nicht weggeschickt werden.
- Malen gefällt mir auch. Bitte Stifte und Papier offen liegen lassen – dann kann ich immer zwischendurch malen.
- Außerdem kann ich schon schneiden. Lasst mich! Und traut mir was zu. Mit der Schere, mit Papier und auch mit dem Messer.
- Ich will für mich spielen und auch mit anderen Kindern.
- Bildschirmspiele und Lernspiele bringen mir nichts – ich spiele sie trotzdem und gewöhne mich daran – schade irgendwie. Ich vergesse dann, wie schön es ist, sich selber zu bewegen und selber zu spielen.›

‹Was ich mir wünsche›

- Ich wünsche mir, dass ihr für mich Zeit habt für Kinderglückssachen: z.B. Zeit zum Erzählen und Vorlesen.
- Ich kann nämlich schon ganz gut zuhören. Ich mag jetzt schon gerne Märchen hören. CD? Mach ich und ihr meint dann, dass ich das mag. Aber in Wirklichkeit will ich lieber etwas erzählt kriegen und dabei dicht und gemütlich neben Mama oder Papa sitzen. Ich brauche gar nicht jeden Tag was Neues. Ich mag auch gerne das Gleiche öfter hören. Dann kann ich es gut nachspielen.
- Auch schön sind Wiederholmärchen[33] wie das von dem Pfannekuchen. Das mag ich besonders. Auch zum Nachspielen.
- Fingerspiele mag ich immer noch gern.
- Figurentheater find ich gut. Mein Kindergartenfreund hat ein Kasperlspiel von seinem Opa bekommen. Das spielen wir manchmal. Aber da brauchen wir auch Geschichten. Erzählt uns viel.
- Den Ball fangen könnte ich jetzt schon. Zeigt mir doch mal, wie Fangen und Werfen mit den Händen geht.
- Und außerdem mag ich Singen. Sag bitte nicht: «Na, dann sing halt.» Singt doch mit! Singen ist so lustig, probier es doch. – Übrigens, stimmt das denn eigentlich, dass ihr auch mal Kinder wart?
- Fernsehen? Mach ich, wenn ihr mir das vorsetzt. Aber dann gewöhne ich mich vielleicht daran und sag vielleicht auch, dass ich es mag. Aber in Wirklichkeit will ich lebendig sein. Und selber Sachen machen und spielen.

Von fünf bis sieben:
Spielphase ‹Vorschulalter›

Bewegungslust und Spielgesellen

Ungefähr um das fünfte Lebensjahr herum ist eine weitere Stufe des Spielens erreicht. Im normalen Entwicklungsfortschritt ist nun der Gleichgewichtssinn gereift, und die herrlichsten Kinderbewegungen sind möglich: hüpfen, rennen, klettern, Purzelbaum, Schaukelakrobatik stehend, dann wieder mit dem Kopf nach unten oder sich auf der Schaukel ganz schnell eindrehen und wieder rauswirbeln lassen. Hoch hinauf aufs Klettergerüst, auf den Baum klettern, Seilspringen, Roller fahren, mit einem Fuß auf dem Trittbrett und mit dem anderen vom Boden abstoßen.

Wo Kinder jetzt noch nicht so weit sind, geben sie damit ein wichtiges Signal: «Wir brauchen Bewegung, Bewegung, Bewegung!» Kinder brauchen dann verstärkt Gelegenheit, sich großräumig zu bewegen und zu spielen. Eigenbewegung befördert die geistige Gesundheit und natürlich auch die körperliche Verfassung. Schicken Sie Ihr Kind runter vom Sofa und streichen Sie alles, was bequem macht.

Die natürliche Spielfreude kommt an der frischen Luft am besten in Gang. Deswegen: mit den Kindern raus aus der Wohnung. Raus ins Freie, raus in die Natur. Jeden Tag (siehe S. 129ff.). Außerdem den Kindern Anstrengungen gönnen, sie weniger chauffieren, selber Bewegungsfreude vorleben.

IDEEN FINDEN UND SPIELEN MIT REGELN

Spielideen fließen nicht mehr so selbstverständlich wie früher. Das verwirrt Eltern gelegentlich: «Früher hat mein Kind doch so schön gespielt, und jetzt hängt es oft nur rum und weiß nichts mit sich anzufangen.» – «Mir ist langweilig», sagt es. – «Ah ja», sagen die Eltern und mischen sich nicht weiter ein. Sie gönnen dem Kind die Langeweile. Und das ist gut so (siehe auch S. 163f.). Das Spiel findet sich schon. Erst muss eben die Idee ausgemacht werden.

Echte Erlebnisse sind eine wichtige Inspirationsquelle für Spielideen:

Andi und Markus waren im Museum und überschlagen sich fast beim Erzählen, was sie alles erlebt haben. «Da war ein U-Boot. Ein richtig echtes.» Jetzt bauen sie sich auch eins und schleppen dafür Stühle, Bauklötze und Kartons an. «Ich sollte der Fahrer sein und du Matrose», erklärt Andi und zwängt sich in das Gebilde. Alles stürzt um. Also wird das U-Boot noch mal ein bisschen vergrößert. Die Freude am Konstruieren ist mindestens so groß wie in dem Moment, wo die Buben mit Getöse losfahren.

Beim Miteinanderspielen ist den Kindern wichtig, wer im Spiel was sein sollte und wie die Regeln sind. Was an einem Tag gespielt wurde und «toll» war, wird am nächsten Tag gerne wieder gespielt.

‹WISST IHR EIGENTLICH, WIE DAS IST, WENN MAN FÜNF IST?›

‹Wisst ihr, wie es sich anfühlt, wenn man fünf ist? Nicht? Es fühlt sich schon ganz schön groß an. Wir kennen uns jetzt schon ganz gut aus, wie hier alles so läuft. Und wir wollen gerne spielen. Nur wenn wir viel zu viel Spielzeug haben, dann verlernen wir das. Dann quengeln wir rum, dass wir noch mehr wollen. – Warum kauft ihr uns eigentlich so viel Zeug? Ihr seid doch die Eltern. Also beklagt euch nicht, wenn wir nicht mehr richtig spielen können. Je mehr ihr uns kauft, umso weniger geht es.

Wir wollen jetzt auch schon richtig echte Sachen selber machen. Schleifen und schnitzen und hämmern und sägen und nähen zum Beispiel. Wir brauchen ein bisschen Anleitung, wie das geht.

Also bitte nehmt euch Zeit und zeigt es uns. Dann könnt ihr uns getrost echtes Werkzeug geben und braucht keine Sorge haben, dass wir uns oder andere verletzen.

Traut uns einfach mehr zu. Und hört auf zu klagen, was alles gefährlich ist.

Natürlich gehen wir auch gerne raus zum Spielen, Albern, Rennen, Klettern, Bauen und Entdecken. Deswegen gewöhnt uns besser nicht an den Bildschirm, sonst vergessen wir das. Aber wir wollen eben auch gefordert sein.›

Spielen und Schaffen

Auch für Kinder dieser Altersstufe ist Spielen gleichbedeutend mit Arbeiten. Etwas «Richtiges» aus echtem Material anzufertigen, was nachher auch nutzbar ist – das ist jetzt willkommen. Dafür brauchen Kinder Eltern, die sich regelmäßig und wenigstens am Wochenende Zeit einräumen und mit ihnen interessante Sachen machen und sie anleiten zum Selbertun. Im Frühling oder im Herbst, wenn in den Parks das Unterholz ausgelichtet wird, mit den Kindern mal rausgehen, die Säge mitnehmen und Baumaterial zum Spielen absägen: Holzstücke in verschiedenen Stärken und Längen, die dann mit echtem Schmirgelpapier richtig schön glatt zu schleifen sind. Die Kinder anleiten, wie das geht, und sie dann selber schaffen lassen. So etwas lieben sie. Auch sind sie gerne tatkräftig dabei, wenn unter der Anleitung eines Erwachsenen frische Aststücke entblättert, entästet werden und etwas Brauchbares, etwa ein Wanderstock, daraus entsteht. Oder ein einfaches Floß aus Stöckchen oder ein kleines Boot mit einem Stück Stoff und anderes.[34]

Ebenfalls unter Begleitung eines Vorbilds können Kinder jetzt schon gut etwas aus Wollvlies formen oder filzen.[35] Auch Nähen, Fingerhäkeln, Hefeteig durchkneten und andere Arbeiten mit den Händen machen sie gerne.

Wichtig ist, Kinder dazu anzuhalten, Angefangenes auch zu beenden, gerade wenn mal etwas nicht so klappt wie gewünscht und ein angefangenes Stück in die Ecke fliegt. Dann brauchen sie Rückhalt: «Probier es doch einmal so, das wird schon» – irgendeinen Zuspruch in dieser Art.

ELTERLICHER SPIELSTATUS

MIT HUMOR

Selber wieder spielen.
Aber da gucken doch die anderen.
Na und?

Spiellust in den Alltag einladen

Kleine Kinder lachen so gerne und finden es lustig, ungewöhn-
liche Sachen zu inszenieren: Was für ein Vergnügen, mit den
Füßchen in Papas große Schuhe zu steigen oder in Mamas
Stöckelschuhe.

Kinder lieben es, wenn etwas anders abläuft als erwartet.
Schon die Kleinsten haben ihren Humor, so wie dieser Zweijährige:

*Das Kind sitzt am Tisch vor einem Teller mit Kuchen. Papa
beugt sich vor. «Gibst du dem Papa auch was ab?» – Es piekst
ein Stück Kuchen auf, führt es in Richtung Papa und steckt es
sich dann doch ganz schnell selber in den Mund und strahlt.
Wie gut, dass Papa auch lacht und damit zeigt: Späßchen sind
in unserer Familie willkommen.*

Es ist so eine herrliche Leichtigkeit, die Kinder mitbringen, die
immer gleich wieder ins Spielen geraten will und dann doch oft
missverstanden wird. Das Kind, das wegrennt und lacht, wenn
es den Anorak anziehen soll, macht sich ein Spiel daraus. Wenn
Eltern nun hinterherlaufen, findet es das erst recht lustig. Doch
weil Eltern die Sache missverstehen und glauben, ihr Kind will
sie nur ärgern, reagieren sie oft unnötigerweise mit Ärger und
schimpfen. Doch es ist ein Spiel: Was passiert wohl, wenn ich
wegrenne?

‹WAS MACHT IHR, WENN ICH NICHT TUE, WAS IHR WOLLT?›

Eltern: «Na gut – aber was hilft das, wenn wir es eilig haben?»
Was tatsächlich hilft, ist, selber in den Spielstatus zu gehen
und einfach nicht das Vorhersehbare zu tun, sondern etwas
Gegenteiliges.

Also, was macht Mama, als sich ihr Kind den Anorak nicht
anziehen lassen will? Sie schimpft nicht, lamentiert nicht, sondern wendet die Sache ins Gegenteil: «Ach so, das ist ja mein
Anorak», sagt sie und tut so, als wolle sie ihn selber anziehen.
Das findet das Kind lustig. Es lacht. Beide lachen, und im Nu
hat das Kind den Anorak an. Mal absichtlich «verkehrte Welt»
verblüfft und löst bei Kindern immer Heiterkeit aus. Manche
verknotete Situation lässt sich so auflösen (siehe auch S. 121 f.).

MAGISCHE FIGUREN ALS GUTE HELFER

Ein guter Mittler, um sonst schwierige Situationen leichter zu
bewältigen, ist eine kleine Spielfigur, die der Erwachsene zu
bestimmten Zeiten hervorholt. Es kann eine Fingerpuppe sein,
ein Wollzwerg oder eine einfache Handpuppe, wie etwa Bip-
po, der nur aus einer ausgestopften Socke mit abgebundenem
Kopf besteht und ganz leicht anzufertigen ist.

Als Eltern können Sie sich hier ein Phänomen zunutze
machen: Sobald Sie mit einer Spielfigur in der Hand zu ihrem

Kind sprechen, geraten Sie unweigerlich in den Spielstatus. Ihre Stimme wird lebendiger und liebevoller. Und auf einmal «verstehen» Kinder. Die magische Figur wird sofort akzeptiert: Kinder schauen dann nur auf die Figur und sprechen auch nur mit dem Blick auf sie. Das lässt sich erzieherisch nutzen, denn so ein magischer Helfer, der das Kind freundlich anspricht, kann mehr bewirken als Ermahnungen und Geschimpfe.

Schön, wenn die magische Figur einen imposanten Namen hat. Hier ist es der Nepomuk, dort der Ferdinand, da ist es Fridolin oder Fridoline oder Eulalia. Bei Christoph ist es «Max der Held».

MAX DER HELD

Wer ist das denn? Max der Held ist eine Fingerpuppe. Max der Held wirkt Wunder. Eines Abends taucht er zum ersten Mal auf:

Es ist Zeit zum Zubettgehen. Und Christian macht wieder mal Theater. Er will nicht. – Doch heute? «Guten Abend», ruft da eine freundliche Stimme, «ich bin der Max der Held. Und wer bist du?» Christian lacht. «Ich rate mal», flötet Max der Held, «du bist der Hans.» – Christian kringelt sich vor Lachen und ruft: «Nein!» Max der Held probiert noch ein paar andere Namen. Schließlich sagt er: «Bist du ... vielleicht der Christian?» Christian nickt. Ein bisschen Geplauder hin und her. Schließlich muss Max der Held gähnen. Er ist so müde. Er will jetzt schlafen gehen. Aber vorher kann er Christian noch ins Bett bringen: «Wo ist denn dein Bett?» Und: «Oh, ist das aber gemütlich!»

Jetzt will Max der Held alles wissen: «Was musst du denn machen, bevor du ins Bett gehst?» Nun höre und staune einer über Christian. Er weiß natürlich alles ganz genau – und in Begleitung der kleinen Figur, die so freundlich mit ihm spricht und ihn ermuntert («Wie gut du das schon kannst!»), gehen die nötigen Abendverrichtungen heute ohne Ramba Zamba über die Bühne, einschließlich Zähneputzen.

Ob es nun Max der Held ist oder eine andere Gestalt – eine magische Figur einzuführen erleichtert und erheitert den Familienalltag.

Was macht eine magische Figur so erfolgreich?

Das Geheimnis der magischen Figur ist: Sie stellt sich nicht über das Kind, sondern nimmt es für voll. Und sie weiß eben nicht alles. Und vor allem nichts besser. Und sie fragt ganz viel: «Wie geht denn das?» – «Wie machst du denn das?» – Und wenn sie sich freut, dann hüpft sie, dass es alle sehen können. Und würdigt: «Wie gut du das schon kannst!» – «Was du schon alles weißt!» – Alles das sind Blumen für ein kindliches Gemüt. Und so gelingt ganz viel.

Damit eine magische Figur auch ein «guter Helfer» bleibt, ist es wichtig, dass sie nur zu bestimmten Zeiten auftaucht und dem Kind nicht zum Spielen gegeben wird. Dadurch behält sie den Reiz, dass sie nicht ständig zur Verfügung steht. Sie braucht also einen eigenen Wohnplatz, der den Kindern nicht zugänglich ist. Max der Held beispielsweise wohnt ganz oben im Regal. Da hat er sein Nest.

WAS TUN, WENN UNGEHEUER AUFTAUCHEN?

Kinder haben andere Wahrnehmungen. Und erzählen auch davon. Solange sie nicht ausgelacht oder bespöttelt werden.

Das Abendritual ist längst beendet. Normalerweise schläft Martha immer gleich ein. Aber heute steht sie in der Wohnzimmertür und sagt: «Ich kann nicht schlafen, da ist ein Löwe unterm Bett.» Die Eltern: «Ach, Schmarrn, wo soll da ein Löwe sein, geh wieder schlafen.» Martha weigert sich. Der Vater hält jetzt einen Vortrag: «Da ist kein Löwe. Wo soll der denn herkommen. Meinst du, der hat nichts Besseres zu tun, als von Afrika ausgerechnet bis hierher, in den dritten Stock, zu rennen und sich dann unter dein Bett zu legen?»

Martha schaut ihren Papa nicht etwa erleichtert an, sondern richtig traurig.

Warum dieser traurige Blick? Ach, die Großen verstehen manchmal gar nichts! Was sollte Papa denn verstehen? Dass ein Kind kein rational denkender Erwachsener ist, sondern sich im magischen Alter befindet, wo es noch Feen und Zwerge und Elfen und Riesen gibt – und eben auch mal einen Löwen unter dem Bett. Mit logischen Erklärungen geht das Gefühl «Da ist ein Löwe» nicht weg. Wie dann?

Dadurch, dass der Erwachsene selber in den Spielstatus geht: So wie der Vater von Jonas:

Bei Jonas ist es auch einmal so, dass er abends nicht einschlafen kann, weil er ein Gespenst unter seinem Bett vermutet. Papa nimmt ihn ernst: «Ein Gespenst? Na warte.» Mit großer Bestimmtheit holt er den langen Besen und fährt damit energisch unters Kinderbett. «Ha, da ist es!», ruft er. Er packt es – imaginär natürlich – am Schlafittchen, reißt das Fenster auf und wirft es raus. «Na, dem haben wir's aber gezeigt, was?» Jonas nickt tief befriedigt. «So, und jetzt kannst du gut schlafen», versichert Papa. Und genauso ist es dann auch.

Unsichtbare Spielgefährten

Unvermittelt waren sie eines Tages da, die Hühner. Da läuft der Dreijährige durch die Wohnung, klatscht in die Hände und ruft: «Da sind meine Hühner» und schickt sie in die Ecke. «Die müssen jetzt fressen», sagt er. – Das rationale Erwachsenenauge sieht gar nichts. Doch zum Glück nicken die Eltern und stören das Kind nicht in seinem Fantasiespiel. Ja, sie nützen diese Fantasiegestalten sogar ein paar Tage später, als *die ganze Familie auf dem Heimweg ist und der Dreijährige quengelt, dass er nicht mehr laufen kann. Da fällt der Mutter ein: «Die Hühner, schau mal, die Hühner sind schon ganz weit vorne. Nicht dass sie uns davonlaufen.» Da ist der Kleine wie erfrischt und in vergnüglichen Schritten geht es nun rasch nach Hause.*

Eltern stehen oft vor der Frage: Wie sollen wir damit umgehen, wenn unser Kind von solchen unsichtbaren Gefährten spricht? Manche befürchten sogar, dass mit ihrem Kind irgendetwas nicht in Ordnung sein könnte.

Doch es besteht kein Grund zur Sorge, denn unsichtbare Gefährten sind normal. «Absolut unsichtbare Gefährten haben unseren Untersuchungen zufolge 37 Prozent der Kinder», sagt eine Forscherin zum Thema «imaginäre Gefährten». Auf die Frage ‹Wie sollten die Eltern reagieren, wenn das Kind über seinen imaginären Gefährten spricht?› antwortet sie: «Sie sollten sich freuen und sich entspannen. Es ist gut, wenn Kinder imaginäre Gefährten haben.»[36]

Jonas hatte bereits mit zweieinhalb einen Gefährten. Das war der «Roff». Roff war wie ein Familienmitglied: Er durfte mitessen, hatte Geburtstag, kam mit zum Spaziergang. Manchmal wurde er angerufen.

So ein unsichtbarer Gefährte bleibt eine Zeit – und ebenso unvermittelt, wie er einst auftauchte, verschwindet er wieder.

«Als ich klein war, hatte ich auch so einen Gefährten», erzählt eine junge Frau, «aber meine Eltern haben das leider nicht verstanden. Einmal, als ich mich mit ihm unterhielt, platzte meine Mutter herein und sagte: ‹Mit wem sprichst du denn da, was soll das?› Seitdem war er weg. Ich habe ihn nie mehr gesehen und nie mehr mit ihm gesprochen.»

Kinder spüren es, wenn Erwachsene ihnen nicht in ihre Kinderwelt folgen können. Sie ziehen sich dann mit ihren Ideen zurück. Sie wissen: Es hat keinen Sinn, den Großen etwas zu erklären. «Die großen Leute verstehen nie etwas von selbst, und für die Kinder ist es zu anstrengend, ihnen immer und immer wieder erklären zu müssen.»[37]

PUSTEWIND UND HEILE-SEGEN

Kinder stürzen. Kinder tun sich weh. Kinder weinen dann. So wie Julian.

Er ist hingefallen und weint herzerweichend. Die Mutter: «Hab ich dir doch gesagt, dass du aufpassen sollst. Wo tut's denn weh? Nun sag doch schon.» Je mehr die Mutter redet, umso mehr schluchzt Julian.

Wie das denn? Wie wir beobachten können, sind Kinder durch Lamento nicht zu trösten. Ein Trösterle, das sogleich hilft: «Komm, wir pusten: pff, pff, pff.» Und aus den Tränen blitzen auf einmal strahlende Augen – und gut ist's.

Hilfreich bei kleineren Blessuren ist auch ein Heile-Verschen:

> *Heile, heile Segen,*
> *drei Tage Regen,*
> *drei Tage Sonnenschein,*
> *wird schon wieder gut sein!*

So ein Kinderreim macht die Stimme sofort weicher, liebevoller, melodischer. Der Wohlklang und die Geste, mit der das Kind liebevoll in den Arm genommen wird, trösten mehr als tausend Worte.

Wenn Eltern selber spielen, steckt das an

Es erleichtert so vieles, wenn Eltern wieder selber öfter spielen.

Ein Vater: «Stimmt, als ich neulich allein mit den Kindern war und sie herumquengelten, habe ich mich mal absichtlich nicht eingemischt, sondern mir meine Jonglierbälle geholt und geübt. Schon war Ruhe. Die Kinder kamen gleich zugucken. Sie fanden es toll, was Papa da macht, und wollten auch probieren.»

Es ist für alle eine Freude, wenn Sie als Eltern auch die eigene Spielfreude nicht vergessen. Nehmen Sie doch beim Spaziergang mit der Familie auch mal die Tischtennisschläger oder Federball oder Frisbee mit und spielen Sie ein paar Runden. Kinder lieben es, Mama und Papa leicht und beschwingt beim Spielen zu erleben.

Wie wär's damit, mal wieder Handstand zu üben?

«Das habe ich neulich auf einer Wiese probiert», sagt ein Vater, «und vorher groß verkündet, dass ich dafür Platz brauche. Na, da wurde dann ein Purzelbaum draus, und das fanden die Kinder lustig, und sie wollten es dann dauernd nachmachen.»

Purzelbaum – können Ihre Kinder überhaupt Purzelbaum? Mit Händen und Knien auf dem Boden und dann kopfüber um sich selber rollen? Ein klassisches Kinderspiel, das in Gefahr ist, in Vergessenheit zu geraten, weil es unter Kindern nur noch selten überliefert wird. Und doch macht es so viel Freude, denn kaum geschafft, weckt es die Lachmuskeln und die Lust am Noch-Einmal!

Rückenwiege – das ist auch ein lustiges Spiel. Beide Erwachsene stehen Rücken an Rücken, haken sich unter und beugen sich abwechselnd vor, sodass es dem anderen die Füße in die Luft hebt. Kinder finden es großartig, wenn Eltern selber lustige Sachen machen, und es regt sie an zum Nachmachen.

Spielen, Singen, Reimen

Auch das Singen bringt einen als Erwachsenen sofort in den Spielstatus. Selber zu singen ist durch keine Kassette zu ersetzen, denn beim Singen wird die Erwachsenenstimme warm und zärtlich und ist ganz auf der Hörebene der Kinder. Als Eltern sollten Sie wissen: Wenn die Kinder im Kindergarten singen, ist das die eine Seite – aber mit den Eltern zu singen hat noch mal einen ganz eigenen Zauber. Singen Sie Kinderlieder wie «Suse, liebe Suse, was raschelt im Stroh», «Backe, backe Kuchen», das Lied vom «Bucklicht Männlein», «Wer will fleißige Handwerker sehen?», «Summ, summ, summ, Bienchen summ herum», «Kommt ein Vogel geflogen», «Ein Jäger längs dem Weiher ging», «Auf einem Baum ein Kuckuck saß», «Heut ist ein Fest bei den Fröschen am See».

Wer singt, schimpft nicht. Singend klappt auch das Aufräumen leichter. Oder das Anziehen. Es ist nicht nötig, eine eigene Melodie zu lernen, sondern nur mit Singsang in der Stimme ankündigen, was zu tun ist. Und flutsch, es klappt! Also weg mit der unbegründeten Angst: Ich kann nicht singen.

Mit Humor reagieren

Wenn Kinder einen herausfordern, ist das grundsätzlich nie persönlich gemeint, sondern ein notwendiges Austesten von Grenzen. Kinder sind niemals nachtragend und leben immer im Augenblick. So lässt sich manche herausfordernde Situation, wenn ein Kind etwas nicht tun oder unbedingt etwas haben will, mit Humor verwandeln, indem der Erwachsene von einem Augenblick auf den anderen nicht vorhersehbar reagiert, sondern anders als erwartet:

- beispielsweise die Dinge umgekehrt tun (siehe auch S. 112)
- oder nur noch in singender Stimme sprechen, statt zu schimpfen (siehe S. 120f.)
- oder ein neues Thema anschneiden, etwa: «Wo ist denn mein Schlüssel?», und den nun auch absichtlich umständlich suchen
- oder eine überraschende Frage an das Kind: «Wo ist eigentlich dein Ball?»
- oder aus dem Fenster schauen: «Oh, so was hab ich ja noch nie gesehen», und selber fasziniert rausschauen – das hält dann kein Kind aus, länger herumzubocken, denn es will auch schauen
- oder wenn das Kind irgendetwas will, was es nicht haben soll, einfach nur «oh, oh» sagen – nichts weiter. Und damit ist alles gesagt.
- oder wenn das Kind herumalbert: «Hast du heute Kichererbsen gegessen?»
- oder wenn es etwas erzählt, was nicht ganz stimmen kann, genügen schmunzelnd hochgezogene Augenbrauen: «Ah! Und das soll ich glauben?»

Wartespiele aus der Tasche

«Wie lange dauert es noch?» – «Wann sind wir endlich dran?»
Warten mit Kindern an der Haltestelle, im Wartezimmer, im
Auto kann nervenaufreibend sein. Um es mit guter Laune zu
überstehen, sind ein paar Wartespiele in petto ganz nützlich.

- Spielproviant aus der Handtasche oder der Aktentasche: No-
tizblock, Taschentücher, Stifte, Papier, z.B. für das Falten von
Schiffchen.[37]
- Sehr empfehlenswert: eine Fingerpuppe. Die trägt nicht auf
und bringt, sobald sie auf den Finger gesetzt wird, in Spiell-
aune (siehe auch S. 113ff.).
- Ein Luftballon hilft, selbst in einen Spielstatus zu kommen
(siehe S. 119f.) und sich mit dem Kind zu freuen.
- Schiffchen falten. Erinnern Sie sich noch? Wenn nicht, unbedingt auffrischen. In das Schiffchen etwas als Spielfigur
hineinsetzen.
- Püppchen aus einem Taschentuch knoten.
  *Die kleine Schwester kann schon nicht mehr stillsitzen.
  Es ist Einschulungsfeier für den großen Bruder, und die
  Kleine wetzt auf ihrem Theatersitz hin und her. Da öffnet
  die Großmutter ihre Handtasche, nimmt ein Taschentuch
  heraus, knüpft in eine Ecke einen Knoten hinein und beugt
  sich flüsternd zum Kind: «Da hast du eine Puppe, die will ein
  bisschen bei dir tanzen.»
  Ein Wunder – oder was? Auf jeden Fall ist das Mädchen nun
  ganz zufrieden und beschäftigt.*
- «Ich habe immer eine Tafel Knetwachs (siehe auch S. 179f.)

in der Handtasche», sagt eine Mutter. «Wenn Kinder irgendwo warten müssen, bekommen sie ein Stück davon in die
Hand, und das beruhigt.»

Einfaches Material macht es vielleicht leichter. Allerdings
lassen sich viele lustige Spiele auch einfach so spielen.

WARTESPIELE OHNE MATERIAL

Lustige Wartespiele, bei denen der Erwachsene mitspielt und
es viel zu lachen gibt:

«Ich sehe was, was du nicht siehst»: Wie geht das? Einer wählt sich innerlich einen Gegenstand aus der nahen Umgebung und sagt beispielsweise: «Ich sehe was, was du nicht
siehst, und das ist rot. Was ist das?» Die anderen versuchen,
es zu erraten: Ist es deine Jacke? Ist es das Buch? usw. Wer es
erraten hat, ist nun dran: «Ich sehe was, was du nicht siehst.»

Ein richtiges Gute-Laune-Spiel, das endlos gespielt werden kann. Es funktioniert auch im Auto, mit der Regel: Es gilt
nur, was hier drinnen ist.

Erzählspiel mit drei Worten: Der Erwachsene sagt
zum Kind: «Sag drei Worte und ich erzähl dir daraus eine
Geschichte.»

Ein erfrischendes Wartespiel, bei dem Erwachsene immer
wieder staunen, welche Fantasie in ihnen schlummert. Ein Ein-
wand: «Aber wenn das Kind unflätige Worte sagt?» Dann hilft,
einfach noch mal klarzustellen: Keine Unworte! Kinder verstehen das sehr genau.

Gesten- und Fingerspiele (siehe S. …). Fangen Sie an mit einem ganz einfachen Spiel, das Sie noch aus Ihren Kindertagen kennen. Beispielsweise: «Das ist der Daumen …»

Singen: Das geht überall und ist auch gut bei Autofahrten.

Kniereiter: Kinderreime wie «Hopp, hopp, hopp, Pferdchen lauf Galopp» oder «Hoppe, hoppe, Reiter, wenn er fällt, dann schreit er» zaubern im Nu gute Laune. Kinder spielen die Kniereiter gerne «noch mal» und «noch mal».

Gut für die Kinder, dass Kniereiterspiele wieder in die Mode kommen, denn klangfreudige Kindersprache belebt und erfreut.

DRAUSSEN SPIELEN

Wasser tropft von den Blättern
Waldgeheimnisse, weiches Moos
Steine am Ufer. Bäume zum Klettern
Hüpfen, lachen
Kleine Wunder entdecken
Kind sein dürfen

KINDER IN DER NATUR

WO SIND SIE DENN?

Ein Sonntagmorgen in der Stadt. Ein Vater strolcht mit seinem Kind durch den Park, da wo er noch ein bisschen wild belassen wurde. Sonst sind hier nur Erwachsene mit Hunden. Wo sind denn die Kinder? Heute sind keine unterwegs. Auch draußen auf dem Land, wo unbebaute Gebiete zum Herumstromern einladen, wo es Bäume mit niedrigen Ästen zum Klettern gibt, wo Waldstücke sind und Hecken oder ein schmales Bächlein: da sind sie auch nicht. Nicht mal am Wochenende, wo doch keiner in die Kita muss oder in die Schule. Wo sind sie denn?

Wollen die Kinder nicht mehr in die Natur? Dürfen sie nicht? Findet das keiner mehr wichtig?

KONTAKT MIT DER NATUR?

In dem Dokumentarfilm «Play again»[39] werden durchschnittliche amerikanische Kinder gezeigt, die täglich fünf bis fünfzehn Stunden mit elektronischen Medien in Kontakt sind. Zu Beginn werden die Kinder gebeten, anhand verschiedener Nahaufnahmen zu benennen, was sie sehen. Was ausnahmslos jeder auf Anhieb erkennt, sind die «Corporate Logos» verschiedener Konzerne. Manche trällern unaufgefordert gleich noch den jeweils entsprechenden Werbejingle dazu. Kopfschütteln

jedoch, als den Kindern Fotos mit Motiven aus der Natur gezeigt werden, etwa eine Blüte, ein Zapfen, eine Blumenwiese,
eine Pusteblume: «Keine Ahnung.» Als diese Kinder später in
die freie Natur geführt werden und ein Junge sich einem Käfer gegenübersieht, kriegt er Panik. Er beklagt, dass keiner ein
Spray dabei hat «to kill them all».

Natur können wir uns heute in die eigenen vier Wände
liefern lassen. «Mein Kind mag so gern Natursendungen, die
darf es immer anschauen.» Da krabbelt nichts, kratzt nichts, da
riecht nichts, und keiner muss gespannt still halten: «Psst, leise, ein Reh!» Das Kind «darf» die Sendungen anschauen. Und
wann darf es in die richtige Natur?

Wenn wir nicht aufpassen, werden unsere Kinder zu Stubenhockern und damit auch zu Analphabeten in Lebenskunde. Sie kennen Namen von Medienstars oder Produktlabels,
aber nicht die belebte Welt im Freien. «Mit dem Schwinden
des ungezügelten Spiels im Freien droht etwas Unersetzliches
verloren zu gehen: die Möglichkeit, seelische, körperliche und
geistige Potenziale so zu entfalten, dass Kinder zu erfüllten
Menschen werden.»[40]

OUTDOORBEREICH?

*«Also, für den Outdoor-Bereich haben wir gesorgt», sagen
Eltern. «Wir haben mittlerweile einen recht ansehnlichen
Fuhrpark mit Bobbycar, Dreirad, Laufrad und Trettraktor.»*

Outdoorbereich – und dann im Sitzen spielen? Es ist zweifels-
frei zu beobachten, dass Kinder es mögen, auf einem Gefährt
zu sitzen und zu rollen. Und Eltern mögen es auch, weil die
Kinder dann in greifbarer Nähe bleiben und nichts anstellen.
Doch Spiel- und Experimentiermöglichkeiten sind hier extrem
reduziert und nicht geeignet, Kinder zu stärken. Dafür ist es
nötig, dass Kinder sich auch ohne Geräte bewegen und Interesse entwickeln können, denn sonst verlieren sie ihre natürliche
Experimentierfreude, und es ergeht ihnen, wie dem Prinzen in
der «Kindergeschichte» Und die geht so:

*Ein Prinz will sich selbst ein Urteil über die Welt bilden und
verlässt die kontrollierten Straßen. Er treibt sich querfeldein
herum, doch dem König gefällt das gar nicht, und so schenkt
er seinem Sohn Wagen und Pferd. «Nun brauchst du nicht
mehr zu Fuß zu gehen», sind seine Worte. «Nun darfst du es
nicht mehr», ist deren Sinn. «Nun kannst du es nicht mehr»,
ist deren Wirkung.* [41]

*Ein Vater: «Ich hoffe natürlich, dass unsere Kinder auch drau-
ßen spielen werden und richtig raus in die Natur gehen. Noch
habe ich die leise Hoffnung, dass ich das beeinflussen kann.»*

Selbstverständlich können Sie als Eltern das beeinflussen. Das
Wichtigste ist, dass Sie regelmäßig mit Ihren Kindern rausgehen, dorthin, wo sie sich frei bewegen und etwas entdecken
können. Das können schon die Kleinsten. Und Sie werden bemerken, was für eine Quelle der Freude sich da auftut.

WUNDER ENTDECKEN UND SPIELEN

Kinder haben von klein an aufrichtiges Vergnügen, draußen in
der Natur zu sein, zu spielen und Wunder zu entdecken. Faszinierend, wie sie versuchen, uns immer wieder anzustecken,
diese Wunder ebenfalls zu sehen:

> *«Die meisten Menschen wissen gar nicht,*
> *wie schön die Welt ist*
> *und wie viel Pracht in den kleinsten Dingen,*
> *in irgendeiner Pflanze, einem Stein*
> *einer Baumrinde oder einem Birkenblatt sich offenbart.»*[42]

Kleine Kinder wissen das noch. Sie können noch staunen.
Sobald sie laufen können, ist schon ein normaler Spazierweg
voller Wunder.

SPAZIERSPIELEN

*«Wenn wir spazieren gehen, kommen wir oft gar nicht so
weit», sagen die Eltern von Jakob. Im Stadtpark hat der Eineinhalbjährige seine Lieblingsstelle: Er will am liebsten bei dem
Pfosten mit dem Loch bleiben und alles untersuchen: Er klopft
mit einem Stöckchen dagegen, dann mit einem Stein. Jedes
Mal klingt es anders. Jetzt hat Jakob entdeckt, dass der Pfosten
oben ein Loch hat. Er holt Steinchen und schmeißt sie hinein
und dann Blätter. Er stochert mit dem Stöckchen und stampft*

alles fest. Ein anderes Mal ist Regenwasser in dem Loch. Da ist das Einfüllen und Wieder-Herausfischen erst recht interessant. Ein strahlender Blick zu den Eltern: «Seht ihr das auch?»

Ja, das tun sie: «Lass ihn doch! Ob wir jetzt zum Spielplatz gehen oder nicht – das Spielen ist doch das Wichtigste.»

RAUSGEHEN IN DIE ECHTE NATUR STÄRKT

Kleine Kinder sind der Natur gegenüber zunächst völlig unvoreingenommen.

Hier ein Zweijähriger, der jubelt: «meise, meise». Er findet es lustig, wenn die Ameisen auch über seine sommernackten Beinchen krabbeln. Gut für ihn, dass die Eltern keine Berührungsängste haben und ihm die Freude lassen. Denn es gibt noch so viel zu entdecken und zu bestaunen: Käfer, Spinnen, Grashüpfer, Bienen, Schmetterlinge, Eichhörnchen, Würmer, Frösche, Eidechsen. Alles ist interessiert.

Damit Kinder ihre aufrichtige kindliche Neugier und Freude an der Natur beibehalten können, brauchen sie Eltern, die viel mit ihnen rausgehen und sich mitfreuen können an der Schöpfung und nicht gleich in Panik ausbrechen, wenn etwas krabbelt. So, wie das inzwischen bei zwei Drittel der Schulkinder der Fall ist, die Angst haben vor einem Käfer auf der Hand (siehe S. 130).

DRECK, MATSCH, SAND

Rausgehen bei jedem Wetter. In den Wald gehen, auch wenn
es ordentlich regnet und das Wasser von den Blättern tropft.
Oder in den Park, wo jetzt allerhand kleine Freunde unterwegs
sind.

Ella und Moritz, vier und fünf Jahre alt, finden das sehr span-
nend. Erst mal die vielen Pfützen, die zum Reinstampfen lo-
cken. Dann die Regenwürmer, mitten auf dem Weg. Drei haben
sie schon gerettet, «weil sonst tritt aus Versehen einer drauf».
Inzwischen sind sie an einer Stelle, wo es Häuschenschnecken
gibt, die sie nun beim «Schneckenwettrennen» beobachten.

«Aber der Naturschutz!» – «Tierquälerei!» – Ach wirklich?
Wir sollten die Kirche im Dorf lassen und Kinder selbstverständlich anhalten, die Schnecken anschließend wieder ins
feuchte Gras zu setzen.

Sobald Wasser mit im Spiel ist, sprudeln die Spielideen.
Stochern, matschen, ausprobieren und mit allen Sinnen spielen ist wichtiger als Sorge vor Dreck (siehe S. 157f.). Denn
Dreck, Matsch, Sand gehören zum Spielen. «Der junge Mensch
braucht Elementares», schreibt etwa Alexander Mitscherlich.
«Wasser, Dreck, Gebüsche, Spielraum. Man kann ihn auch
ohne alles aufwachsen lassen, mit Teppichen, Stofftieren oder
auf asphaltierten Straßen und Höfen. Er überlebt es – doch
man soll sich nicht wundern, wenn er später bestimmte soziale
Grundleistungen nicht mehr erlernt.»[43]

DIE NATUR BEFLÜGELT UND WECKT SPIELIDEEN

In der Natur sein zu dürfen bringt Kinder wieder zu sich selbst und lässt Spielideen fließen. Das ist auch für Erwachsene schön.

«Diese Erfahrung haben wir auch gemacht», berichten Eltern. «Wir wollten den Kindern etwas Besonderes bieten und sind mit der Seilbahn auf einen Berg zu einem Erlebnispark gefahren. Zurück ging's dann zu Fuß bergab. Und das war das Beste.» – Das Wunder ist mitten auf dem Wanderweg. Der Jüngste entdeckt es zuerst. «Was is'n das?», ruft er und hockt sich auf den Boden. Die anderen gucken nun auch. «Ist das ein Wurm?» – «Nein, das hat doch ganz pelzige Haut. Das ist eine Raupe.» – «Schau mal, wie die sich komisch bewegt.» Sie lachen und beobachten weiter. Die Kinder haben richtig Ausdauer. Eines kommt auf die Idee, die Raupe zu retten. Ein passendes Blatt wird ausgesucht und mit einem Stöckchen ein bisschen nachgeholfen. «Das ist unser Rettungsboot», meint einer.

Die Erwachsenen kommen selber ins Staunen: «Also, wenn du mich fragst, dann hätten wir uns diesen Kinderpark sparen können. Da haben die Kinder nur getobt. Aber jetzt spielen sie richtig.» – «Stimmt», sagt ein anderer, «mit wie wenigen Sachen Kinder glücklich sein können, das denkt man oft gar nicht.»

UNBEHELLIGT DRAUSSEN IN DER NATUR

Eine Natursituation, in der garantiert jedes Kind ins Spielen kommt, ist die Kombination von Wasser und Ufer. Da ist Programm überflüssig – denn in einer pädagogisch unvorbereiteten Umgebung fließt die natürliche Spielfreude von selbst.

Suchen Sie mal eine Stelle an einem flachen Seeufer oder eine seichte Stelle an einem Bächlein. Wenn es die Temperatur erlaubt, auch barfuß. Und jetzt brauchen Sie einfach nur in der Nähe zu sein und ein Experiment zu machen. Das Experiment heißt: Lehnen Sie sich als Erwachsene an einen Baum und beobachten Sie einfach mal nur.

Selbst wenn es Sie in den Fingern juckt, machen Sie mal kein Angebot. Bauen Sie kein Wasserrad, keinen Damm. Lassen Sie die Kinder selber entdecken und probieren und unbehelligt Kind sein.

Oder auch im Wald, wie diese Familie, die auf einer schönen Lichtung lagert:

Die Erwachsenen haben sich vorgenommen, heute mal keine Anregungen zu geben. Sie sitzen gemütlich auf einer Decke und lassen die Seele baumeln. Es ist warm genug. Die Eltern ziehen ihre Schuhe aus. «Ihr dürft auch barfuß», das ist das einzige Angebot, das die Eltern machen. Auf dem Boden raschelnde Blätter, pieksige Tannennadeln, Moos, Wurzeln, knackende Äste, Baumrinde. Ein Fest für die Sinne. Auch für die Füße. Und die Spielideen der Kinder sprudeln nur so.

AUF BÄUME KLETTERN

Der Großvater besucht seinen neugeborenen Enkel. Lachend sagt er zu den Eltern: «In ein paar Jahren klettern wir zusammen auf die Bäume.» – «Da kannst du selber raufklettern», sagt der Vater, «wir bleiben unten und schauen dir zu.»

Weithin zeigt sich heute, dass der Baum als natürlicher Spielgenosse nur noch wenig bekannt ist.

Ein Forstwirt ist beispielsweise mit einer Kindergruppe zu einem Naturausflug unterwegs. Sie kommen zu einem Baum mit tief ansetzenden Ästen, die auch für Kinderfüße gut zu erreichen sind. Auf seine Frage: «Hochklettern?» sagen die Kinder: «Darf man das, einfach so auf einen Baum klettern? Schadet das nicht der Natur?»[44]

Andere fragen: «Ist es nicht gefährlich, auf einen Baum zu klettern?»

Nein, ist es definitiv nicht. Warum nicht? Weil Kinder von Anfang an nur so viel wagen, wie sie auch bewältigen können. Ein Fünf-, Sechs-, Siebenjähriger, der auf einen Baum klettert, geht genauso umsichtig vor wie ein Kleinkind, das die Treppenstufen erkundet (siehe S. 96f.). Das einzige Hindernis beim Bäumeklettern sind Erwachsene, wenn sie mittendrin schreien: «Vorsicht, halt dich fest!» Was geschieht dann? Das Kind ist abgelenkt und nicht mehr voll konzentriert. Wenn es jetzt runterfällt, dann wegen der Rufe der Erwachsenen.

Und warum gerade auf Bäume klettern? Es gibt doch heute Klettergärten für Kinder. Was hat der Baum für einen Vorteil? Viele. Jeder Baum ist individuell: seine Gestalt, der Duft, die Struktur der Rinde. Alles das wirkt schon erfrischend auf die Sinne. Die Äste greifen, vorsichtig auf Stabilität testen und umsichtig weiter voran, das ist ein ganzheitliches Erlebnis und unvergleichlich. Man sieht es den Kindern auch an. Wer einmal darauf gekommen ist, wie gut es tut, einen Baum zu erobern, der geht schon mit viel wacherem Blick in die Natur.

«Unsere Kinder kannten das auch nicht so, auf Bäume zu klettern», sagt ein Vater. «Sie kriegen das nicht mehr selbstverständlich von anderen mit. Als mir das bewusst wurde, bin ich einmal selber raufgeklettert. Und das war's. Seitdem sind unsere Kinder auf den Geschmack gekommen und halten beim Spazierengehen immer Ausschau nach einem Kletterbaum.»

«Unser Kind ist so schwierig»

Freunde sind zu Besuch mit ihrem Fünfjährigen. Die Eltern haben vorher schon gewarnt: «Er ist bisschen schwierig, hoffentlich stört das nicht.» Der Besuch ist dann tatsächlich enorm anstrengend. Das Kind zieht ständig die Aufmerksamkeit auf sich und stellt den fremden Haushalt ziemlich auf den Kopf. «So ist er immer», klagen die Eltern, «wahrscheinlich hat er ein ADHS oder so was. Wir lassen ihn jetzt mal testen.» – Der Gastgeber nimmt allen Mut zusammen und ruft die Freunde später noch einmal an, da er vor dem Kind nicht sagen wollte, was ihm auf der Seele brennt. «Ich würde gerne etwas fragen: «Wann wart ihr eigentlich das letzte Mal mit eurem Sohn im Wald? Wann habt ihr das letzte Mal mit ihm eine Tageswanderung gemacht, sodass er abends richtig müde war und nur noch ins Bett wollte? Wann habt ihr euch mal zu einem Abenteuer aufgemacht, Holz gesammelt, eine Feuerstelle gebaut oder einen Damm aufgestaut? Bitte nehmt's mir nicht übel, ihr wisst, dass ich es gut meine.»[45]

WILD SPIELEN – AUSTOBEN

Das sind herrliche Fragen, die der Gastgeber in dem vorigen Beispiel stellt! Denn der springende Punkt ist, dass viele Kinder heute unter Bewegungsmangel leiden und dann den Stempel «schwierig» bekommen. Doch Kinder sind Bewegungsmenschen. Sie müssen sich austoben. Sie brauchen körperliche Anstrengungen und frische Luft, um ihren angeborenen Bewegungsdrang auszuleben. Es gehört zum Kindsein, selber im Freien zu rennen und auch mal richtig ins Schwitzen zu kommen und rote Backen zu kriegen, statt tastendrückend vor dem Bildschirm auf Verfolgungsjagd zu gehen.

Laufen, springen, spielen, rennen, klettern, balancieren gehören zu den natürlichen Bewegungsformen der Kinder. Sie üben den Gleichgewichtssinn. Und selber körperlich gut im Gleichgewicht zu sein überträgt sich auch auf das innere Gleichgewicht.

Undigital zum Wildererpicknick

Gute Erfahrungen haben diese beiden Familien damit, Ausflüge zu mehreren zu machen:

«Wir wollen richtig in die Natur und uns auch darauf einlassen.» Deswegen ist die Regel, die sie sich selbst auferlegen: Undigital! Die Mobilgeräte haben Sendepause und sind nur für den Notfall dabei. – Und los geht's! Im Gepäck sind nötige Kleidung und Versorgung. Alle haben einen Rucksack, auch die Kinder tragen einen.

Heutiges Wanderziel ist eine ehemalige Kiesgrube. Wie bitte? Wieso das denn? Wie sich zeigt, ist das eine hervorragende Idee. Denn für Kinder ist sie ein Paradies zum Austoben und Spielen. Markante Grenzen sind vorher genau besprochen: «Seht ihr den großen Steinbrocken? Und dort die Brombeerhecke? Bis dahin dürft ihr. Und nicht weiter.» Das klappt auch.

Die Erwachsenen haben ebenfalls zu tun. «Was macht ihr da?» – «Holz sammeln zum Feuermachen.» – «Ist das nicht verboten?» – «Nein, hier sind ringsum nur Steine und Kies. Nein, hier ist es nicht verboten.» Holz sammeln finden die Kinder «toll». Der fünfjährige Lorenz ist mit ganzer Kraft dabei und schont sich kein bisschen. Er zerrt mit Begeisterung einen riesenlangen Ast herbei. Der muss nun in passende Stücke zerknackt werden. Es gibt ordentlich was zu tun. Einer der Erwachsenen kennt sich aus, wie ein Holz nach allen Regeln der Kunst für das Feuer aufgeschichtet werden muss. Erst wird ein großer Steinkreis gelegt, der die Feuerstelle umgrenzt. Die Kinder gucken fasziniert zu und helfen mit. Das Feuer ist entfacht, und dann kommt das «Wildererpicknick». Dafür werden möglichst lange Holzruten entästet, vorne mit dem Messer angespitzt und gute Sachen, wie Würstchen, Käse und Äpfel, zum Rösten draufgespießt. Inzwischen ist dann auch schon das Feuer etwas heruntergebrannt, und eine Glut hat sich gebildet. Das ist notwendig, da sonst alles verkohlen würde.

Wieder mehr Wege zu Fuss zurücklegen

Sobald die Kinder laufen können, ist es wichtig, ihnen den Raum für diese selbst eroberte Fähigkeit auch ausgiebig zu gewähren und sie nur unvermeidliche Strecken im Wagen schieben.

Gehen Sie mit Ihren Kindern täglich wieder mehr Wege zu Fuß. Bauen Sie bewusst Fußwege ein, etwa wie diese Eltern:

«Wir parken unser Auto absichtlich immer ein bisschen weiter weg, wenn wir unser Kind von der Kita abholen, damit es noch ein bisschen springen kann.»

Geht der Weg noch ein Stück durch eine Grünanlage, lieben Kinder so einen Ansporn: «Ihr dürft schon vorausrennen bis zu der roten Bank, und da wartet ihr.» Oder «bis zur roten Bank und zurück». Das ist einfach, kostet nichts, macht Kindern Freude und gibt ihnen Gelegenheit, sich abzuarbeiten.

Zu Fuß unterwegs sein – das tun Kinder am liebsten spielend: Da lockt ein Geländer, sich geschwind hindurchzuschwingen, dort ist ein Mäuerchen zum Balancieren, hier ein Zaun, an dem die Finger entlang streifen wollen, da der plattenbelegte Bürgersteig, der dazu reizt, die Füße immer nur auf jeder zweiten Platte aufzusetzen. Eltern nervt das oft, weil dann die Leute gucken oder die Finger schmutzig werden. Doch vor dem Hintergrund, dass Kinder Bewegungsvielfalt mit allen Sinnen für ihre gesunde Entwicklung brauchen, ist Gelassenheit angesagt, denn die kindgemäße Gangart ist nicht Fuß vor Fuß, sondern eine Gangart mit allen Sinnen. Das macht Freude, belebt und beschwingt. Außerdem gewinnen Kinder dabei eine ganze Menge wichtige Sinneserfahrungen.

BEWEGUNGSLUST ANSPORNEN

«Aber unsere Kinder haben gar nicht solche Einfälle», klagt eine Mutter. Vor dieser Frage standen auch Vorschullehrerinnen einer New Yorker Schule. Sie hatten eine durchschlagende Idee, deren Erfolg ich bei einem Arbeitsaufenthalt dort erleben konnte: Immer vormittags ging es zu einer bestimmten Zeit hinaus in den Central Park. Als alle sicher über die große Avenue geleitet worden und dort angekommen waren, setzten die Erzieherinnen den Weg balancierend fort: Fuß vor Fuß auf der eisernen Rasenabgrenzung am Rand des Spazierweges, dann wieder hüpfend wie Pferdchen. Ermuntert von diesem Vorbild probierten die Kinder unaufgefordert und

höchst vergnügt das Gleiche. Dann konnte, wer von den grö-
ßeren Kindern wollte, ein Springseil haben. Einfach nur ver-
blüffend, mit welcher Fertigkeit gerade einmal Fünfjährige das
Seilhüpfen beherrschten. Helle Kinderfreude über die eigene
Leichtigkeit des Seins!

Ähnlich können Sie es doch auch selber machen, liebe Eltern.
Nutzen Sie Fußwege durch den Park. Bewegen Sie sich spielend, hüpfend. Und Sie werden bemerken, wie es einen erfrischt
und welche Freude Ihre Kinder haben, es Ihnen nachzutun:
mal im Galoppschritt, mal seitwärts oder rückwärts laufen, mit
Sprungseil, selber balancierend.

Die Ideen liegen buchstäblich auf der Straße – auf dem
Weg. Das kann jeder machen. Stecken Sie Ihre Kinder mit Bewegungsfreude an. Das ist heute erforderlich, da Kinder, im
Gegensatz zu früher, kaum noch natürliche Spielkameraden
draußen finden.

DRAUSSEN MIT ANDEREN

Spannender ist es draußen für Kinder, wenn noch ein paar
Spielkameraden dabei sind. Doch die sind im eigenen Wohn-
umfeld oft gar nicht mehr vorhanden. Welche Möglichkeiten
gibt es, Gleichgesinnte zu suchen und mit anderen Familien in
die Natur zu gehen?

Statt auf andere zu warten, lohnt es sich, selber die Initi-
ative zu ergreifen. Eine Möglichkeit ist, eine Anzeige in ein

geeignete Medium, beispielsweise in eine Lokalzeitung oder in ein Elternforum, zu setzen. Und dann darf man gespannt sein, was sich da auf einmal alles eröffnet. Nachfolgender Anzeigentext eines Elternpaares stieß auf mehr Resonanz als je erwartet und sei hier beispielhaft zitiert:

«Wer hat Lust auf zünftige Wochenend- bzw. Sonntagsausflüge mit kleineren Kindern zum Wandern und Spielen in der Natur? Familie mit vier- bis sechsjährigen Kindern sucht Gleichgesinnte. Unsere Kinder schaffen schon größere Fußwege und lieben eine Picknick-Pause mit Zeit, um auf Bäume zu klettern und zu spielen. Wir wählen gerne Wanderziele, die mit öffentlichen Verkehrsmitteln erreichbar sind, und wollen gemeinsam mit mehreren Kindern und Erwachsenen Freude am Bewegen und an der Natur haben! Wenn ihr Kinder im gleichen Alter habt und interessiert seid, meldet euch bitte.»

HILFE, MEIN KIND

KANN NICHT SPIELEN

«Wer viel mit Kindern lebt,
wird finden,
dass keine äußere Einwirkung auf sie
ohne Gegenwirkung bleibt.»[46]

«UNSER KIND HAT SO VIEL SPIELZEUG UND WILL TROTZDEM NICHTS ALLEIN TUN»

«Unser Kind hat so viel Spielzeug und will trotzdem nichts allein tun. Es nervt nur dauernd.» – «Bei uns ist es genauso. Unser Kind zieht nur die Sachen raus, bis alles in der Wohnung verteilt ist. Aber wirklich spielen tut es nicht.» Klagen, dass Kinder nicht spielen können, sind heute zahlreich. Da kann leicht der Eindruck entstehen, dass es am Kind liegt.

Liegt es tatsächlich am Kind? – Oh, wie unpraktisch, am Kind liegt es nicht! Denn Kinder kommen als Spieltalente auf die Welt. Sie sind neugierig, voller Entdeckerlust, und alles lockt zum Spielen. Wird diese natürliche Spielfreude überhaupt gesehen? Darf sie sich zeigen? Ist sie erlaubt, stört sie? Wird sie unbedacht ausgebremst?

Wie ist es denn mit uns Erwachsenen? Können wir selbst bei einer Sache bleiben oder leben wir Multitasking vor und tun Verschiedenes gleichzeitig? Sind wir eher hektisch und sprunghaft, bespaßen wir die Kinder dauernd? Geben wir ihnen überhaupt den Raum, allein zu spielen? Der bekannte Spruch «Unsere Kinder machen uns ja doch alles nach» bringt es auf den Punkt: Prägend – auch für das kindliche Spielverhalten – ist das eigene Vorbild (siehe auch S. 40).

Damit die natürliche kindliche Spielfreude nicht abhanden kommt, sind nachfolgend einige «Spielverhinderer» genannt – und solche Aspekte, die das kindliche Spielen stärken.

– *Spielverhindernd:* Helikopter-Eltern

Spielverhindernd sind «Helikopter-Eltern».[47] Gemeint sind Eltern, die zu lieb, zu nett, zu fürsorglich sind, die ihre Kinder ständig umschwirren und ihnen keine Anstrengung gönnen und keinen Raum lassen, etwas allein auszuprobieren, die alles besser können wollen, alles besser wissen und ihr Kind beim Spielen immer gewinnen lassen, damit es nur ja nicht traurig sein muss. Solche Überfürsorglichkeit – und mag sie noch so gut gemeint sein – nimmt den Kindern den Atem, frei und eigenständig zu spielen.

+ *Spielstärkend:* Den Kindern Eigentätigkeit gönnen

Erleben Sie sich auch so, liebe Eltern? Sind Sie auch eher Helikopter-Eltern? Neigen Sie dazu, Ihr Kind in Watte zu packen? Dann lassen Sie los. Dem Kind zuliebe. Gönnen Sie es ihm, Dinge selbst zu erreichen. Ermutigen Sie es. Sagen Sie Ihrem Kind: «Probier es selbst.» Nehmen Sie ihm nichts ab, was es allein tun kann. Wenn das Kind beispielsweise jetzt noch nicht selber auf die große Rutsche kann, dann sind Sie gar nicht als Helfer gefragt! Kinder brauchen kein Helfen beim Spielen. Üben Sie sich im Warten. Und freuen Sie sich ein paar Wochen später, wenn Ihr Kind die Leiter selber erklimmt und stolz strahlend da oben steht, denn damit hat es sich eine gehörige Portion Selbstwertgefühl erarbeitet.

Gönnen Sie Ihren Kindern Eigentätigkeit. Trauen Sie ihm mehr zu. Lassen Sie es in Ruhe selber experimentieren und spielen mit allen Sinnen. Das stärkt ein Kind.

– Spielverhindernd: Ständiges Naschen und Nuckeln
Wer würde einem Kind auch noch freiwillig Spielverhinderer geben? Doch genauso wirkt diese weithin beobachtbare Gewohnheit, Kindern zwischendurch ständig Snacks, etwa Kekse oder eine Banane, oder die allzeit bereite Nuckelflasche anzubieten. Das macht Kinder unfrei und nimmt ihnen ihre natürliche Spielfreude, was weithin beobachtbar ist. «Aber mein Kind hat eben einfach immer Hunger», wird eingewendet. Das ist eine Fehlinterpretation: Kinder sind Gewohnheitswesen. Sie fordern, was ihnen antrainiert wurde.

+ Spielstärkend: Hände frei zum Spielen
Kinder brauchen Mund und Hände frei, um spontan agieren und spielen zu können. Spielstärkend sind klare Gewohnheiten. Und diese können nur Sie als Eltern anlegen: Führen Sie regelmäßige Zeiten für Essen und Zwischenmahlzeiten ein, und halten Sie die Spielzeiten frei von Nuckeln und Naschen. Selbst Menschen in der Sahara trinken nicht alle fünf Minuten – aus gutem Grund. Durch das ständige Trinken und Knabbern ist man abgelenkt, das zu tun, was man eigentlich will. Wenn am Spielplatz aus notwendigen Gründen doch etwas konsumiert werden soll, dann nicht nebenher mit Keks in der Hand durch den Sand, sondern im Sitzen. So eine klare Regel verstehen Kinder.

– Spielverhindernd: Kinder draußen am Gängelband führen
Ein Dreijähriger mit Sonnenbrille und Sturzhelm trappt – die Hände fest am Lenkrad – auf seinem Laufrad voran. Am Sitz

des Laufrades ist eine Leine befestigt. Die hält die Mutter fest in der Hand.

Laufräder, so wird geworben, «schulen das Gleichgewicht». Doch beobachten wir einmal genau, ob sich dieses Versprechen mit der Wirklichkeit deckt: Mit einem Laufrad unterwegs – ob mit oder ohne Leine – sind die Hände der Kinder zum Festhalten genötigt und ihre Motorik auf Beine und auf schlürfende Füße reduziert. Und wenn das Kind unterwegs dann genug hat vom Laufrad – ach, da gibt es doch Mama oder Papa, die tragen das dann (siehe auch S. 150). Wie wird ein Kind, das an ein Laufrad gewöhnt ist, spielen?

+ *Spielfördernd:* Sich ohne Hilfsmittel selber bewegen

Beobachten Sie es einmal selbst. Und machen Sie einen Vergleich: Ziehen Sie das Laufrad mal für eine Woche aus dem Verkehr – und gehen Sie mit Ihrem Kind ohne Gerät in den Park (siehe auch S. 141f.). Und Sie werden staunen. Egal, welche freie Bewegung wir anschauen, die die Kinder zu Fuß statt mit dem Laufrad ausführen: sie sind mit dem ganzen Körper in Aktion. Und die Hände sind frei, sich mitzubewegen. Die Kinder entdecken mehr. Und sie sind auch vergnügter. Außerdem werden sie nicht dauernd getadelt, dass sie langsamer fahren oder bremsen sollen.

– *Spielverhindernd:* Unklare Erziehung

Auf dem Spielplatz: Benni, zweieinhalb, haut einem anderen Kind die Schaufel auf den Kopf. «Hey!», ruft seine Mutter. Nun bekommt sie die Schaufel ins Gesicht. – «Aua, spinnst du!», schreit sie. Benni weint jetzt. Mama: «Ist ja wieder gut. Ich hab's nicht so gemeint. Schau, magst du einen Keks?» Benni nickt. Den Keks in der einen Hand, die Schaufel in der anderen, haut er noch einmal zu. «Blödmann», ruft die Mutter. «Warum kannst du nicht richtig spielen?»

Benni kommt allerdings gar nicht zum Spielen, denn er ist damit beschäftigt, sich Aufmerksamkeit durch Übergriffe zu holen. Und wenn Mama nur mit Ausrufen wie «hey» usw. reagiert, kriegt er die Aufmerksamkeit auch und holt sie sich, so oft er will. Damit verliert er seinen natürlichen Spieltrieb.

+ *Spielstärkend:* Klare soziale Regeln

Diese Situation ist ein Beispiel dafür, dass Spielen-Können Erziehung erfordert. Ohne deutliche soziale Regeln und Grenzen, die auch eingefordert werden, kommen Kinder nicht in kreatives Spielen. Ist ein Kind übergriffig, braucht es sofort Einhalt. Nötig ist, als Erwachsener – man ist ja Vorbild – Augenkontakt mit dem Kind herzustellen und ihm mitzuteilen: «Es wird nicht geschlagen!» – «Das tut weh!» Damit hat das Kind eine klare Grenze. Die braucht es, um überhaupt ins Spielen zu kommen.

Oh, das Kind ist nun frustriert? Ja, das kommt vor. Es ist übrigens vollkommen in Ordnung, dass ein Kind auch mal frustriert ist. Es ist sogar notwendig, um die Bandbreite der eigenen Gefühle kennenzulernen. Immer nur Friede, Freude, Eierkuchen ist unnatürlich und verhindert soziales Lernen. Also kein Zurückrudern oder Überblenden, so wie hier: «Ich hab's nicht so gemeint», und obendrein noch Belohnung mit einem Keks, wichtig ist vielmehr, Regeln zu setzen und einzuüben.

Die Regel ist: «Es wird nicht geschlagen!» Und wenn das Kind dann weint, dann bleiben Sie klar, damit es die Regel auch lernen kann: «Doch, ich habe das ganz genau so gemeint.» Eine Regel einmal zu setzen genügt nicht. Beharrliches Einüben ist nötig, damit das Kind merkt: «Aha, die Regel gilt tatsächlich.» Das erspart ihm die Kraftanstrengung, Erwachsene dauernd auszutesten, und es kann sich aufs Spielen konzentrieren.

– Spielverhindernd: Bespaßen und Bespielen

Ein Kind sitzt auf dem Boden. Mama klappert mit der Rassel. Das Kind greift danach. Nun aktiviert die Mutter den Stoffbären: «Guck mal, brumm, brumm, brumm.» Das Kind lässt die Rassel fallen und nimmt ihn. Jetzt bringt Mama den Hasen ins Spiel: «Hoppel, hoppel.» Das Kind will den Hasen. Dann wieder: «Schau, der Ball, hui.» Der Kleine lässt sich erneut ablenken und krabbelt nun zum Ball. Ständig was Neues. Die Mutter schließlich: «Mein Kind will dauernd bespaßt werden, das finde ich furchtbar anstrengend.»

Ein Elternpaar guckt schmunzelnd herüber: «Kennen wir. Das haben wir früher auch so gemacht. Wir haben auch immer gemeint, wir tun unserem Kind etwas Gutes. Aber in Wirklichkeit haben wir ihm das Spielen ausgetrieben. Irgendwann hat es gar nichts mehr allein gespielt und wollte nur noch unterhalten werden.»

+ *Spielstärkend:* Kinder in Ruhe selber spielen lassen

«Und wie habt ihr das dann wegbekommen?» – «Aufgehört. Von einem Tag auf den anderen. Man muss selber aufhören.» – «Und das ging?» – «Ja, weil wir hundertprozentig nicht mehr Entertainer sein wollten. Ich glaube, so was spürt ein Kind.» – «Und wenn es doch noch quengelt?» – «Wir lassen uns davon nicht mehr beirren, sondern machen selber was Spannendes, z.B. Kochen oder Putzen oder solche Sachen, die eh erledigt werden müssen.» – «Und das nützt?» – «Ja, das war der Dreh.»

Was war der Dreh? Die klare Entscheidung der Eltern: Schluss mit dem Bespaßen. Stattdessen selber als Vorbild etwas Praktisches anpacken (siehe auch S. 47ff.) und das Kind dabei sein lassen. Das weckt den kindlichen Nachahmungstrieb (siehe S. 42f.), und es ist motiviert, selber etwas zu tun.

– *Spielverhindernd:* Unnötiges Einmischen

Sie spielen doch ganz zufrieden, diese Kinder. Und warum laufen sie auf einmal weg? Was ist da los?

Hier ein Zweijähriger inmitten von Bauklötzen. Einige hat er schon aufgetürmt. Jetzt noch einer oben drauf. Plopp, plopp, plopp. Alles kracht zusammen. Also noch mal. Und wieder stürzt alles um. – Da kommt Papa. Papa baut nun auch einen Turm, hoch bis zur Tischkante. «Schau», sagt er, «so musst du das machen!» – Und das Kind? Es läuft weg. Wieso eigentlich? Wo Papa es doch mit Sicherheit nur gut gemeint hat.

Ähnlich geht es diesen fünf- und sechsjährigen Mädchen, die mit ihren Puppen im Garten spielen. Sie haben einen Schemel

*geholt und darauf einen «Kaffeetisch» für ihre Puppen vorbe-
reitet. Ahornblätter dienen als Teller, Hagebutten sind Kuchen,
und als Tassen dienen Zapfen. Die Kinder sind ganz vertieft in
ihr Spiel. Gerade setzen sie die Puppen rings herum ins Gras.
Da kommt einer von den Erwachsenen mit echten Bechern
und echten Tellern: «Hier habt ihr richtiges Geschirr. Da könnt
ihr richtig damit spielen!»*

Gut gemeint, doch was geschieht jetzt? Die Kinder steigen
aus ihrem Spiel aus. Sie laufen weg.

+ *Spielstärkend:* Kinder selber experimentieren lassen

Die oben genannten Kinder, die aus ihrem Spiel aussteigen, geben damit die Botschaft: ‹Lass uns doch selber spielen!› Spielen
braucht keine Perfektion, sondern es geht um die Freude am
Tun, um das Experimentieren im Augenblick. Das ist eine hohe
Kunst, die Kinder noch können.

Praktisch bedeutet das: Als Erwachsene stärken Sie das
Spiel der Kinder, wenn Sie auf Verbesserungsvorschläge ver-
zichten. Andernfalls entschwindet die Spielfreude der Kinder.
Beobachten Sie lieber mal, und freuen Sie sich an der kindlichen Improvisier- und Spielkraft. Und an ihrer Ausdauer, mit
der sie bei der Sache bleiben können. Unbehelligt selber etwas
tun – das macht Kinder stark.

– *Spielverhindernd:* «Lass das – das ist schmutzig!»

*Ein Eineinhalbjähriges, unterwegs mit seinen Eltern. An ei-
ner Bank wird Halt gemacht und das Kind aus dem Wagen
gehoben. Sogleich kommt es ins Spiel. «Da, da», ruft es freu-*

dig und betastet die kleinen Steinchen auf dem Boden. Lange Elternarme ziehen das Kind abrupt hoch. «Pfui, lass das! Du machst dich ja ganz schmutzig.» Kurz darauf will es sich erneut den Steinchen zuwenden. Wieder nichts: «Kannst du denn nicht hören?! Warum bist du so schlimm?»

Was sagt der aufmerksame Beobachter Hermann Hesse dazu? «Auch rechnet man ja so vieles zu den Unarten, nur weil es die Eltern stört, während das Kind mit bestem Gewissen tut, was ihm natürlich ist und unverfänglich scheint.»[48]

Es sagt sich so leicht: «Du bist schlimm.» Doch ist ein Kind schlimm, wenn es mit Steinchen oder auch mal mit Matsch, Pfützen, Lehm und anderen Herrlichkeiten zu tun hat? In Wirklichkeit ist es schlimm für ein Kind, wenn es sich nicht mit dem beschäftigen darf, was es interessiert. Übertriebene Ordnungsliebe oder Angst vor Schmutz verdirbt die natürliche kindliche Entdeckerfreude. Wenn Kinder dauernd ausgebremst werden im Sinne von «Pfui, lass das!», kommen sie irgendwann einmal zu dem Ergebnis: Ist die Welt doch nicht so staunenswert? Ist sie vielleicht sogar gefährlich? Und sie verlernen, eigenständig zu spielen.

+ Spielstärkend: Das Spielen mit allen Sinnen akzeptieren

«Musst du aber auch alles anfassen?!» – Ja! Kinder müssen alles anfassen. Und die Natur hat es weisheitsvoll so eingerichtet, dass sie es von sich aus wollen. Nur durch das, was sie selbst mit ihren Sinnen erfahren, können Kinder die echte, wirkliche Welt kennenlernen und Zusammenhänge verstehen.

Spielstärkend ist also, wenn Sie als Eltern das Greifen und

Spielen und Experimentieren mit allen Sinnen nicht nur erlauben, sondern vehement befürworten. Kinder sind Sinnesmenschen. Sie brauchen solche echten Sinneseindrücke, um die Welt zu verstehen.

– *Spielverhindernd:* Kinder ruhigstellen

Ein häufiges Bild: das Baby in der Sitzschale – nicht nur zum nötigen Transport, sondern auch zu Hause oder im Café oder woanders. «Das ist so praktisch», sagen Eltern. Und so werden nicht nur Kleinkinder, sondern auch Drei-, Vier-, Fünfjährige reisetauglich in Kinderwagen gepackt und bei stundenlangem Shoppen durch Fußgängerzonen oder in Kaufhäuser geschoben. An der frischen Luft ausgefahren zu werden ist auch nicht besser, wenn man schon längst selber laufen kann, so wie dieser Fünfjährige, der im geländegängigen Kinderanhänger sitzen muss und die Eltern joggend hinterdrein: «Da haben wir unser Kind im Auge. Und es kann nichts anstellen. Das ist bequem.»

Und wie ist das für das Kind? Was würde es uns sagen? ‹Ich bin garantiert nicht auf die Welt gekommen, weil ich es bequem will, sondern mein Hauptberuf als Kind ist spielen. Und dafür brauche ich Bewegung. Wenn ich mich nicht frei bewegen kann, kann ich auch nicht spielen. Und wenn ich unnötigerweise viel zu viel stillhalten soll, verlerne ich es auch.›

Wo Kinder mehr als nötig in Sitzvorrichtungen ruhiggestellt werden, leiden sie, wie die Bewegungsforscherin Renate Zimmer sagt, an einer «Einengung der Erfahrungen, es gibt keine Chance zu entweichen. Angeschnallt können die Kinder kein Empfinden für die Schwerkraft entwickeln und ihr

Gleichgewicht nicht auf die Probe stellen. Die Sinne stumpfen ab wenn sie nicht gebraucht und benutzt werden.»[49]

+ *Spielstärkend:* Kinder brauchen Eigenbewegung

Für Kinder ist jeder Moment an Eigenbewegung kostbar, denn sie fördert, wie nichts anderes, ihre körperliche und geistige Beweglichkeit. Das wollen Eltern doch. Der Weg zu dem weit verbreiteten Elternwunsch «Du willst doch auch, dass aus deinem Kind mal etwas wird» (siehe S. 18) führt nur über Eigenaktivität. Freies Spielen, Bewegen und Experimentieren ist nötig, um Spuren im Gehirn zu bahnen. Befördern Sie also Ihre Kinder nur zu Transportzwecken – und nur für solche Transporte, die wirklich nötig sind. Erledigen Sie Ihren Stadtbummel, wenn irgend möglich, ohne Kinder. Kinder zwischen den Warenregalen herumrennen zu lassen ist nicht kindgerecht. Zum Spielen brauchen sie natürliche, keine künstliche Situationen, in denen sie sich frei bewegen können.

– *Spielverhindernd:* Reizüberflutung

Kennen Sie das? Das Kind ist vielleicht erst eineinhalb oder zwei Jahre alt. Als Eltern findet man es schon so groß und hat die Idee: Wir müssen dem Kind etwas Besonderes bieten. Es soll auch mal was erleben.

«Unser Kind ist zweieinhalb, und wir wollen eigentlich am nächsten Sonntag zu einem Holiday-Park fahren. Oder ist das noch zu früh?», fragen Eltern. Das elterliche Frühwarnsystem hat mal kurz aufgeblinkt. Sie sind trotzdem gefahren. Und *haben festgestellt:* «Es war nur Chaos. Wir haben viel Geld ausgegeben, und das Kind hat sich gar nicht gefreut.»

Ein anderes Elternpaar: «Was ist nur mit unserem Andi los? Heute waren wir im Tierpark und nachmittags auf einem Kindergeburtstag, da gab's auch ganz viele tolle Sachen, und abends haben wir gegrillt. Und er ist nur am Meckern und ist auch aggressiv. Was sollen wir denn machen?»

Vielen Eltern geht es ähnlich: «Wir tun doch alles, doch unser Kind ist undankbar und nörgelt viel.»

Kinder spiegeln es uns im Grunde genau wieder: Gut gemeint ist nicht immer gut getan.

+ *Spielstärkend:* Angebote reduzieren

Genau besehen geben Kinder ein deutliches Alarmzeichen: So nicht! Wo Ereignis auf Ereignis folgt – ohne Möglichkeit, die Eindrücke nachzuspielen und zu verarbeiten –, sind Kinder überstimuliert und überfordert. Unzufriedenheit ist die Folge. Da hilft nur eins: Die Kinder vor zu vielen Reizen schützen – und: reduzieren, reduzieren, reduzieren, damit die natürliche kindliche Spielfreude wieder fließen kann. Freizeit-Kinderparks sind für Kleinkinder kein Gewinn, sondern eine sinnliche Totalüberforderung. Kleine Kinder brauchen weniger, als Erwachsenen lieb ist. Ein Stück Natur, und da selber auf Erkundung gehen, entdecken, anfassen, ausprobieren – das würde ihnen genügen. Sie wären auch zufrieden, immer in derselben Umgebung unterwegs zu sein, auf immer denselben Wegen.

Und bei älteren Kindern? Auch sie brauchen Schutz vor

zu vielen Reizen, damit sie sich überhaupt selber spüren können. Sie brauchen Eltern, die ganz klar sagen: «Es gibt nicht drei aufregende Sachen an einem Tag, sondern eine Sache genügt.» Beispielsweise nur Kindergeburtstag. Und genug. Oder nur den Tierpark und nicht noch etwas obendrauf.

Sprechen Sie mit Ihrem Kind noch mal über das eine besondere Ereignis. Lassen Sie es ein Bild dazu malen: «Welches Tier hat dir denn besonders gefallen?» – So kann alles noch mal nachklingen. Das ermöglicht, die Ereignisse auch zu verarbeiten.

Genauso, wenn Sie ganz oft sagen: «Heute ist mal kein Programm.» – «Nein, auch kein Fernsehen!» – «Nein, auch sonst kein Gerät.» Das hilft Kindern, zu sich zu kommen. Oft sind Eltern skeptisch: «Aber dann hängen sie rum und wissen nicht, was sie anfangen sollen.»

Das kennen Sie ja, liebe Eltern: Das, was erwartet wird, erfolgt dann auch. Eine andere Wirkung und Ausstrahlung hat es, wenn Sie Ihrem Kind sagen: «Dir wird schon etwas einfallen.» Und bleiben Sie auch dabei. Trauen Sie ihm zu, dass es selber auf die Sprünge kommt, und gönnen Sie ihm Eigenzeit.

– Spielverhindernd: Spielzeugflut
Zur Reizüberflutung gehört auch das Überangebot von Spielzeug, das Kinder heute haben. Besser gesagt: worunter Kinder heute leiden. Denn auf der einen Seite erleben wir Kinder, die dauernd etwas wollen («Hast du mir was mitgebracht?»), und andererseits nützen sie die meisten ihrer Sachen kaum zum Spielen.

Überfülle ist das Problem. Überfülle lähmt die Spielfähigkeit und nimmt den Raum, überhaupt ins freie Spielen zu kommen. «Müsste ich mich jetzt für ein Spielzeug entscheiden», sagt eine Mutter, «nee, ich könnte mich gar nicht entscheiden – bei der riesengroßen Auswahl» (siehe auch S. 172). Andere Eltern sagen: «Eigentlich ist es Quatsch, so viel Spielzeug zu haben, denn im Endeffekt können die Kinder nur mit einer Sache vernünftig spielen.»

Die Überfülle an Spielzeug und Spielsets überfordert Kinder, und es ist dann auch verständlich, dass sie gar nicht anders können, als nur die Dinge aus den Regalen zu ziehen. Und dann fällt ihnen erst rechts nichts mehr ein. Die Kinder sind regelrecht hilflos.

+ *Spielstärkend:* Spielzeugflut ade

Ohne die Hilfe von Erwachsenen kommen Kinder aus der vorhandenen Spielzeugflut nicht heraus. Die Einzigen, die daran etwas ändern können, sind die Eltern: «Aus dem Grund haben wir Sachen, mit denen unsere Kinder nicht spielen, weggepackt. So ist mehr Platz, und die Kinder können sich besser auf das konzentrieren, was da ist.»

Entbehrliches Spielzeug wegzupacken geht bei kleinen Kindern ohne Aufhebens. Auch größere Kinder brauchen Sie als Eltern, die beherzt zur Tat schreiten, denn die Ansammlung von viel zu viel Zeug ist ja kein Naturereignis, dem Eltern machtlos ausgeliefert sind.

«Bei uns war das Reduzieren einfacher, als wir dachten», *sagen die Eltern von Ella und Mark. «Wir haben zwei leere*

Umzugskisten aus dem Keller geholt. Und dann war unsere unmissverständliche Botschaft: ‹Jeder packt seine Kiste voll mit Sachen, die er gerade nicht braucht.› Da hatte tatsächlich jeder im Nu die ganze Kiste voll. – Und weg damit in den Keller. Und ab jetzt gilt: Es darf auch wieder etwas aus der Kiste geholt werden – aber nur im Austausch mit etwas anderem. Das funktioniert nun schon eine Weile. Und die Kinder spielen wieder.»

– *Spielverhindernd:* Langeweile wegmachen wollen

Wer kennt das nicht, wenn ein Kind herumhängt: «Mir ist so langweilig, was soll ich denn machen?» Oft fühlen sich Eltern aufgerufen, dieses oder jenes vorzuschlagen oder dann doch etwas mit dem Kind zu unternehmen. Die Folge ist, dass es sich daran gewöhnt, Eltern als Unterhalter einzusetzen. Doch damit verliert es das Vertrauen in seine eigenen Fähigkeiten.

+ *Spielstärkend:* Langeweile zulassen

Wo ein Kind häufiger klagt: «Mir ist so langweilig» und die Spielzeugflut schon reduziert worden ist, machen Sie es doch so wie dieser Vater.

Als einmal sein Sohn Florian stöhnte: «Mir ist ja so langweilig», erwiderte er: «Wenn du dich schon langweilst, dann bitte woanders.»

Eine geniale Antwort. Denn als Eltern tun Sie Ihrem Kind tatsächlich etwas Gutes, wenn Sie ihm Langeweile gönnen – anstatt sie «wegzumachen». Warum ist das gut? Warten Sie es ein wenig ab, so wie Florians Eltern:

Nach einer Weile wundert sich der Vater: «Es ist so ruhig. Wo ist eigentlich Florian?» Und er entdeckt ihn in der Gartenlaube, wo er ganz vertieft mit Papier und Stift sitzt und dabei ist, ein Spiel mit Start und Ziel und verschiedenen Wegen mit Spielfeldern und Hindernissen aufzuzeichnen.

Langeweile zuzulassen hat sich gelohnt. Es lohnt sich immer, denn dieses Nullpunktgefühl («Jetzt geht gerade gar nichts») bietet die Gelegenheit, bei sich selber anzukommen und aus sich selber heraus kreativ zu werden. Plötzlich entsteht doch was. Und darauf kommt es an. Das hilft einem Kind auf dem Weg, sich zu einer eigenständigen Persönlichkeit zu entwickeln.

– *Spielverhindernd:* Vertrauensseligkeit gegenüber elektronischen Medien

Ein flimmernder Bildschirm – was für eine Sogwirkung er auslöst, das hat die Eltern der dreijährigen Marie nachdenklich gemacht: «Unsere Tochter hat bislang noch nie ferngesehen.» Doch eines Tages, als sie mit ihr einmal bei einer Einladung sind und dort ein Fernseher läuft, steht Marie wie gebannt davor. Die Eltern versuchen, sie davon abzulenken, doch ohne Erfolg. Dann sagt Marie: «Ich will ja gar nicht schauen. Aber meine Augen wollen da immer wieder hin. Da kann ich gar nichts machen.»

Das kleine Mädchen bringt es auf den Punkt. Die Sogwirkung eines Bildschirms ist ungeheuer. Das lässt sich auch an U-Bahn-Bahnsteigen beobachten, wo Riesenbildschirme angebracht sind. Interessant, einmal so einen Bahnsteig ent-

langzulaufen, nur mit dem Blick auf die Gesichter der War-
tenden, die fast unisono die Flimmerscheiben anstarren.

Der Bann des Bildschirms kann genutzt werden um Kinder ruhigzustellen. Sie machen dann keinen Schmutz, keinen
Lärm, und sie stellen keine Fragen. Solange sie davor sind,
verharren sie still an einem Fleck und stören niemanden. Das
klingt doch ganz brauchbar für Erwachsene. Die Kinder sind
aufgeräumt, und man selber hat mal ein bisschen Ruhe.

Der Preis? Stillhalten – bis hin zu den Augenbewegungen,
die völlig starr werden – ist völlig unkindgemäß, denn Kinder
geraten dann in den Passivitätsstatus; ihre natürliche kindliche
Lust, sich zu bewegen und selbst zu entdecken und zu spielen,
entschwindet.

Viele heutige Kinder erfahren es so: «Erst lernen die
Menschen stehen und dann gehen und dann still sitzen.»[50]
Still sitzen? Und Ruhe zu geben und Bilder aus zweiter Hand
zu konsumieren – das ist vollends gegen die kindliche Natur.
Deutlich sichtbar daran, dass heute jedes dritte Kind zur The-
rapie muss. «Vieles, was in der Therapie geschieht», so eine
Ergotherapeutin, «ist einfach nachgeholtes Spielen. Es wäre im
Grunde gar nicht nötig.»

+ *Spielstärkend:* Ein anregungsreiches Umfeld

Die immer weiter fortschreitende Digitalisierung ist nicht aufzuhalten. Doch es gibt keinen vernünftig belegbaren Grund,
Kinder arglos dem Geschehen zu überlassen, so wie diese Eltern, die stolz verkünden, wie geschickt ihre dreijährige Tochter schon mit dem Smartphone umgeht:

«Wie selbstverständlich kann sie die Tastensperre meines Handys öffnen und sich eine Kinder-App öffnen, dann wird gepuzzelt und Memory gespielt.» Das mag ja ganz chic klingen. *Ebenso wie dieser Satz: «Wir sind eine moderne Familie, und Fernsehen gehört dazu.»*

Doch mal ganz abgesehen von entwicklungsphysiologischen Beeinträchtigungen[51] setzt damit unweigerlich die oben genannte Bildschirm-Sogwirkung ein, welche die natürliche kindliche Spielfreude zurückdrängt. Was jeder beobachten kann. Bereits ein zwanzigminütiger Kinderfilm wirkt fantasiebremsend. Wer anschließend noch ein Kind entdeckt, das danach in ein freies, eigenständiges, kreatives Spielen kommt, der erlebt eine seltene Ausnahme. In der Regel ist genau das Gegenteil der Fall. So kann sich die Katze in den Schwanz beißen. «Hilfe mein Kind kann nicht spielen», heißt es dann.

Spielstärkend ist alles andere als der Bildschirm. Spielstärkend ist ein anregungsreiches Umfeld mit lebendigen Menschen und Gegenständen, in dem man sich mit dem eigenen Körper tatsächlich bewegt und spürt. Spielstärkend sind die vielen praktischen Beispiele, die in diesem Buch genannt werden. Es sind die Jahreszeiten,[52] die zu Hause gepflegt und gefeiert werden, genauso die Feste, die mit den Kindern vorbereitet und gefeiert werden.[53] Und natürlich ein vorhersehbarer Tagesablauf mit festen Spielzeiten. Sie als Eltern haben es in der Hand.

SPIELSACHEN –

SPIELMATERIAL

*«Du hast doch so schöne Spielsachen,
nun spiel doch mal schön!»*

WAS BRAUCHEN KINDER WIRKLICH ZUM SPIELEN?

*Zwei Jungen, die mit ihren Schiffchen spielen. Der eine hat
ein prächtiges aus dem Spielzeugladen, der andere einfach ein
Stück Holz. Sagt der eine: «Das soll ein Schiff sein? Ist doch
bloß 'n Stück Holz.» Sagt der andere: «Ja, aber meins is'n Auto,
wenn ich will.»*[54]

Welches Kind ist der König in dieser Szene? Es ist eindeutig jenes Kind, das nicht alles so perfekt hat und das dennoch
selbstbewusst damit umgeht: «Mein Holzstück kann alles
sein, wenn ich es will.» Der freie Mensch zeigt sich hier. Einer,
der fantasievoll ist und sich zu helfen weiß. Der ein sicheres
Selbstwertgefühl hat und sich mit seiner Antwort immun zeigt
gegenüber dem, was andere haben.

Selbstwertgefühl! Interessanterweise gehört gerade dieses zu den meistgenannten Fähigkeiten, die Eltern sich für ihren Nachwuchs wünschen. Doch Kinder erwerben es sich nicht
mal eben so, sondern unter anderem durch die Erfahrung: Mit
meiner Fantasie kann ich alles machen.

KINDER KÖNNEN AUS ALLEM ETWAS MACHEN

Jedes Kind kann fantasievoll spielen. «Gebt dem kleinen Kind
einen dürren Zweig, es wird mit seiner Fantasie Rosen daraus
sprießen lassen! Gebt ihm ein Rosenblatt, und es wird auf

dem Wasser ein Wunderschiffchen bewegen», schreibt Jean
Paul.[55]

Aus wenigem etwas Großartiges machen und auch noch
Freude daran haben, das ist ein natürliches Talent der Kinder:
Das Stöckchen ist mein Bohrer, mein Hammer, mein Rechen,
der Zapfen meine Kuh, das Papprohr mein Fernglas, das Blatt
ist mein Boot, das Holzstück ein Telefon. Je weniger vordefi-
niert die Sachen sind, mit denen die Kinder spielen, umso mehr
ist die Fantasie rege.

Kinder kommen damit klar, wenn sie wenig Zeug zum
Spielen haben. Das zeigt der Erfolg der «spielzeugfreien Wochen» in Kindergärten. Langweilen sich die Kinder? Wissen sie
nichts mit sich anzufangen? Im Gegenteil. Erziehungsfachkräfte berichten: «Die Kinder werden plötzlich ungeheuer aktiv.
Sie entwickeln neue Ideen für Spiele und setzen ihre Fantasie
ein, um sich das Nötige selbst zu schaffen. Möbelstücke, Stühle,
Tischtücher, Laken, Naturmaterial, das sie draußen finden, und
allerlei andere Alltagsgegenstände werden plötzlich zu span-
nenden Spielsachen.» Die Kinder spielen bemerkenswert kreativ und vergnügt. Und am Ende dieser Auszeit vom Spielzeug
fragen viele: «Wann machen wir wieder ohne Spielzeug?»

SPIELZEUG FÜR SINNE UND FANTASIE

Beobachten wir einmal ein Kleinkind, sobald wir mit ihm zu
Fuß unterwegs sind. Was für ein strahlendes Kinderlächeln,
wenn es draußen auf solche Wunderdinge zusteuert wie bei-

spielsweise ein Steinchen, das es dann aufhebt und einem entgegenstreckt. Wo Kinder nicht ausgebremst werden, können wir erleben, dass Naturmaterial, das es entdeckt, etwa ein Stein, ein Hölzchen, ein Zapfen, seine Sinne erfreut und seine Fantasie anregt, damit zu spielen.

Ausgehend von dieser Freude an Dingen, die angenehm zu greifen sind, die weder quäken noch quietschen und die sich umfunktionieren lassen, haben wir schon einen wichtigen Anhaltspunkt für die Spielzeugauswahl. Sinn-volles Spielzeug ist solches,

• das aus natürlichem Material besteht
• das die Sinne anregt
• das der Fantasie freien Raum lässt.

Welches Spielzeug können die Kinder drinnen gut gebrauchen? Dinge, die verwandelbar und nicht nur auf eine Spielmöglichkeit festgelegt sind. Das bringt die kindliche Fantasie in Gang. Fantasievoll spielen dürfen als Kind, das stärkt die Denktätigkeit. «Diese Arbeit der Fantasie wirkt bildend auf die Formen des Gehirns. Dieses schließt sich auf, wie sich die Muskeln der Hand aufschließen durch die ihnen angemessene Arbeit», sagt Rudolf Steiner.[56]

Im Spielen etwas selbst verwandeln zu können macht Kinder unabhängig. Sie sind geistig beweglicher. Sie klagen nicht dauernd über Langeweile. Und es ist insgesamt eine bessere Stimmung.

Fantasie, die sich im Spiel ausdrücken darf, kommt Kindern auf ihrem Lebensweg zugute: «Eine produktive Fantasie

ist vielleicht der beste, wenn nicht sogar der einzige Schutz
gegen den Ansturm der technisch übermittelten Bilder.»[57]

MALEN

MALBLOCK UND STIFTE

Sobald ein Kind schon freihändig hantieren kann, gehören
zu den wichtigsten Spieldingen, zu denen es freien Zugang
braucht, ein niedriger Tisch mit Malblock oder ein Bogen Papier auf einer Kritzelunterlage und Stifte bzw. Wachskreiden
zum «Spielen mit der Spur». «Mit der Spur spielen»: dieses
Wortbild ist übernommen von Arno Stern.[58] Gemeint ist damit eines der ältesten Spiele überhaupt, das Kinder ab dem
Moment spielen wollen, wo sie freihändig stehen und mit
einem Stöckchen im Sand oder einem Stift in der Hand auf der
nächstbesten Fläche Spuren entstehen lassen.

Dieses natürliche Spiel mit der Spur, das den Kleinen
noch ganz selbstverständlich und freudig von der Hand geht,
braucht regelmäßig Gelegenheit, sich auszudrücken. Kinder
brauchen Malpapier und Stifte ab dem Moment, wo sie Arme
und Hände frei bewegen können. Abgesehen davon, dass es
Kindern Freude macht, üben sie dabei – unbeabsichtigt – das
freie Bewegen mit der Hand aus dem Handgelenk heraus.

Viele Eltern wiegeln ab: «Mein Kind malt eben nicht so

gerne.» So kann es tatsächlich kommen, wenn in Bezug auf Spielzeug an alles gedacht wird, nur nicht daran, den Kindern Blanko-Papier und Stifte bzw. Kreiden zugänglich zu machen.

SPIELEN MIT DER SPUR

Aber ist Malen nicht eher etwas für nebenbei? So könnte es scheinen. Doch der Vorgang, ganz spontan etwas aufs Papier zu bringen, ist der gleiche, wie wenn ein Kind frei und unbehelligt mit Gegenständen spielt: Es schöpft aus dem Augenblick. Und ebenso wie beim freien Spielen (siehe S. 156) geht es dabei nicht um das «schöne» Ergebnis, sondern um pure Lust an Kreativität.

Kinderzeichnungen sind keine Kunst. Sondern innerer Ausdruck. Überschwengliches Erwachsenenlob vertreibt die kindliche Unbekümmertheit.

«Als ich klein war, hab ich richtig gerne gemalt», sagt ein junger Mann rückblickend. «Und jedes Mal riefen die Erwachsenen ‹toll!› oder ‹super!› Einmal hab' ich dann absichtlich ein Bild ganz schwarz zugekritzelt. Das fanden sie auch ‹toll›, bis mir schließlich die Lust verging.»

Übergelobte Kinder können dieses natürliche «Spielen mit der Spur» auch verlieren, genauso wie Kinder, die wenig Gelegenheit hatten, von klein an zu malen, oder allenfalls «Mandalas» oder sonstige Zeichenvorlagen zum Ausmalen hatten. Na und, was macht das?

Zugang zur inneren Ausdruckskraft

Fragen Sie Lehrer oder Kinderärzte über ihre Eindrücke zu Zeichnungen, die Kinder beim Einschulungstest malen sollen. Vielen geht es so wie dieser Schulärztin, die sagt: «Ich bin erschüttert darüber, *wie* die Kinder malen und *was* sie malen.» Sie schildert, dass viele mit völlig verkrampften Händen malen, weil die Handmotorik ungeübt ist. «Und was dann aufs Papier kommt», sagt sie, «sind oft nur ein paar Fahrer in Kleinkindmanier statt einer altersgemäßen Bildsprache.»

Von nichts kommt nichts. Wenn Sie als Eltern merken: «Stimmt, wir haben ‹das Spielen mit der Spur› vielleicht zu wenig beachtet», dann ermöglichen Sie Ihren Kindern doch jeden Tag eine feste Zeit zum Malen. Für die Frühaufsteher schon morgens. Sonst nach dem Nachhausekommen am Küchentisch – oder abends.

Und lassen Sie sich überraschen, was dadurch in Ihrem Kind geweckt wird. «Jedes Kind liebt es zu malen, genießt seine bunten Spuren auf dem Papier.»[59]

Anfangs brauchen Kinder natürlich die Anleitung, auf das Papier zu malen, nicht sonst wo hin. Das verstehen sie auch. Und wenn dennoch mal was danebengeht, besteht kein Grund zur Panik: Es gibt heute diese praktischen «Schmutzradierer», mit denen Sie – zusammen mit dem Kind – die Wand im Nu wieder reinigen können (siehe auch S. 43f.).

BEWÄHRTE SPIELWAREN UND
SINNVOLLES SPIELZEUG FÜR DIE SINNE

Nachfolgend werden bewusst nur wenige Spielsachen genannt, die spieleinladend sind und Kinder ganzheitlich mit
allen Sinnen ansprechen. Denn das, was die Sinne anregt und
Lust macht, damit zu hantieren und es in vielfältiger Weise
zu benutzen, macht wach und froh und stärkt die kindliche
Entwicklung.

NATURMATERIAL FÜR DRINNEN

Holzbausteine und Holzklötze oder auch die sogenannten
«Waldorfklötze» sind ein herrliches Material für drinnen, das
schön ist zum Anfassen, gut riecht und vielfältig verwandelbar ist. Holzklötze, naturbelassen, geglättet, geschliffen, gibt es
käuflich zu erwerben. Sie können allerdings auch selbst gesägt
und geschliffen werden, ganz umsonst und unter Mitwirkung
der Kinder.[60]
   Zapfen, besonders Kiefernzapfen, sind schöne Bäume für
Spiellandschaften[61], die die Kinder aufbauen. Und dann kann
man einmal Ausschau halten: Welche Herrlichkeiten gibt es
denn noch in der Natur? Erlauben Sie es den Kindern, auch
etwas davon zum Spielen mit heimzunehmen: Kastanien
zum Beispiel oder Wurzel- oder Rindenstücke. Auch ein paar
schöne Steine und Muscheln. Die Fantasie wird begeistert

sein, weil sie sich frei entfalten kann, wenn Kinder mit solchen Materialien spielen.

SPIELTÜCHER

Eltern sagen: «Erst wunderten wir uns, was unsere Freunde da als Geschenk mitgebracht hatten. Doch dann zeigte sich, es war das Beste, was unser Kind zum Geburtstag bekommen hat: einfarbige große Tücher. Die benutzt es nun ständig und baut sich damit sein eigenes Reich und genießt das.»

Kinder, die «alles» besitzen, haben gerade das oft noch nicht: Spieltücher.[62]

Ein geniales Spielmaterial zum Verkleiden, Verstecken, Häuschen- oder Höhle-Bauen und natürlich auch für Spiellandschaften[63] auf dem Boden – und für andere Ideen, die Kindern sonst noch einfallen.

Anton liebt dieses Spiel: Er breitet eines von den großen Spieltüchern auf dem Boden aus, wickelt sich ein und dreht sich damit um sich selber. «Wo bin ich?», ruft er. Er sieht niemanden mehr. Also ist er weg!

«Ja, wo ist denn der Anton?», wundert sich die Mutter. «Hat einer den Anton gesehen? Komisch, eben war er doch noch da!»

Anton platzt fast vor Vergnügen. Er rollt sich geschwind aus. «Da!», strahlt er.

Ungesponnene Schafwolle – Märchenwolle

*«Hm, riecht das gut!» Leon will gar nicht mehr aufhören,
mit der Nase in dieses schöne weiche Zeug hineinzuschnuf-
feln, das er eben mit Mama ausgepackt hat. Was ist denn das?
Schafwolle, noch ungesponnen, zu einem Wollvlies*[64] *gerollt.*

*Wieder und wieder steckt er seine Nase hinein. Mit den
Fingerspitzen lässt sich ein Stückchen abheben. Wie gut sich
das anfühlt!*

Aber das ist doch kein Spielzeug, könnte man einwenden.
Spielzeug ist es tatsächlich nicht, doch es ist ein wunderbares
Werkmaterial zum Formen und Filzen.[65]

Wollvlies gibt es in Naturweiß, Grau oder Braun sowie
in wunderschönen, leuchtenden Farben. Dann heißt es «Märchenwolle». Aus ungesponnener Schafwolle lassen sich mit
wenigen Handgriffen kleine Tiere oder Figuren zum Spielen
für die Spiellandschaften fertigen.[66]

Wachs

*«Bienenknetwachs soll doch auch gut sein, oder?», fragt eine
Mutter, und sie berichtet: «Da leistest du dir also ein richtig
schönes Geschenk, so eine ganze Schachtel mit wunderbarem
buntem Knetbienenwachs,*[67] *damit das Kind ein bisschen zur
Kreativität angeregt wird, und nichts passiert.»*

Warum ist das so? Allein die Schachtel mit dem farbigen Wachs bewirkt noch nichts.

Um Zugang zu diesem schönen Spielmaterial zu bekommen, brauchen Kinder anfangs den Erwachsenen, der vormacht, wie sich von dem Wachs kleine Stückchen abtrennen lassen und wie es dann in den Händen bewegt und knetbereit gemacht wird.[68]

Vormachen, selber Interesse zeigen und ausprobieren, dann regt sich die kindliche Neugierde und die Lust zum Kneten. Ab drei Jahren können Kinder das schon. Anfangs formen sie eher knödelartige Gebilde. Doch je öfter sie kneten, umso geschickter werden ihre Finger, und sie können schon allerlei Figuren formen.

Mit Bienenwachs kneten belebt die Fantasie, und es stärkt die Feinmotorik – und noch etwas: Beim Kneten mit Bienenwachs wird ein Wärmeprozess angeregt, der den ganzen Organismus durchdringt und der bis in die Gliedmaßen hinein beruhigend und ausgleichend wirkt. Ein wichtiges Spiel-Werkmaterial.

Die Puppe – oder was zum Liebhaben

Eines der wichtigsten Spielzeuge für ein Kind ist die Puppe.[69] Auch wenn sie heute oft ersetzt wird durch Teddy oder Schmusetier. Es geht um diesen *einen* besonderen Liebling, der immer zur Verfügung ist, mit dem sich alles besprechen lässt, der immer zuhört, der auch mal wütend in die Ecke ge-

schmissen werden kann und dann auch wieder Liebe und Zu-
neigung bekommt. Eine solche einfache Puppe ist außerdem
oft das Kind des Kindes, mit dem es im Spiel noch einmal
nachspielt, was es selber verarbeiten will.

Einen besonderen Wert für ein Kind hat eine weiche Puppe aus Stoff, die sich richtig in den Arm nehmen und knuddeln
lässt.

Warum eine Puppe? Eine Puppe ist von gleicher Gestalt
wie ein Mensch, nur in klein. Besonderen Wert hat eine Puppe,
deren Gesicht nur leicht angedeutet ist. Warum das denn? Je
weniger das Gesicht einer Puppe ausgestaltet ist, umso mehr
ist die Fantasie des Kindes rege und es kann die ganze Ge-
fühlsskala, von der Freude und vom Lachen bis zum Weinen
und Traurigsein, in sie hineinfantasieren. Eine schöne Puppe
aus echtem, natürlichem Material, wie Baumwolle und Wolle,
bildet auch das ästhetische Empfinden des Kindes. Schöne Puppen in bester Qualität für Kinder sind die sogenannten Puppen
«nach Waldorfart». Sie lassen sich selbst herstellen oder übers
Internet bzw. auf einem Waldorfbasar (ein Herbst-, Martini-
oder Adventsmarkt an einer Waldorfschule) erwerben.

BUBEN EINE PUPPE SCHENKEN?

Auch Jungs brauchen eine Lieblingsfigur. Das kann auch eine
Puppe sein. Mit Puppen zu spielen hindert Buben nicht daran,
zu kraftvollen Männern heranzureifen. Wo sie jedoch nur im
Leisesten spüren, dass Mama oder Papa oder beide das Spielen

mit einer Puppe «eigentlich» nicht so gut finden, überträgt sich das. Und die Puppe wird dann oft links liegen gelassen.

Justus hat sich selber eine Puppe organisiert. Es ist die Nacken-rolle vom Wohnzimmersofa. Sie ist schön weich. Sie macht alles mit. Manchmal klemmt er sie hinten auf sein Fahrrad und fährt sie herum. In den Kinderwagen von der Schwester? «Nein!» Manchmal schmeißt er sie durch die Gegend oder lässt sie mit «Juhu» absichtlich die Treppe hinunterkollern. Und dann wieder bringt er sie abends fürsorglich ins Bett, da muss sie neben ihm schlafen.

BEWEGUNGSEINLADENDES SPIELZEUG

ETWAS ZUM HINTERHERZIEHEN

Von dem Moment an, wo die Kinder frei laufen können, lieben sie es, etwas an einer Schnur hinter sich herzuziehen oder an einer Stange vor sich herzuschieben. Wenn Erwachsene oder Verwandte unbedingt etwas Größeres schenken wollen, ist ein Bollerwagen etwas, womit Kinder über Jahre gerne etwas an-fangen. Die Kleinen füllen etwas ein, setzen sich hinein. Die Größeren nützen ihn vielfältig.

SPRINGSEIL UND SCHWUNGSEIL

Zu den wichtigen Spielsachen, die Kinder etwa ab fünf gut gebrauchen können, gehört eines, das Freude macht und noch dazu
nützlich ist, um spielend ins Gleichgewicht zu kommen: ein
Springseil. Allerdings nützt das Seil allein wenig. Heute brauchen die Kinder meistens auch Anregung (siehe S. 142f.), wie
sich damit springen lässt, damit sie Lust kriegen.

Darf es ein bisschen mehr sein? Ein Schwungseil, 4 – 5 m
lang, 8 mm stark, zum Draußenspielen mit anderen Kindern,
ist etwas, was Kindern viel Vergnügen macht und sie ganzheitlich anregt. Zum Spielen wird es von zwei Erwachsenen an den
Enden gefasst und in regelmäßigem Rhythmus geschwungen,
sodass die Kinder durchlaufen können. Für Kinder ist damit
eine kleine Mutprobe verbunden, wenn sie sich trauen, in das
schwingende Seil zu laufen. Ist nur ein Erwachsener da, kann
das andere Ende an einem Pfoten oder einem Baumstamm
festgebunden werden.

Ein 10 m langes Seil, 8 – 10 mm stark, ist ein schönes Geschenk für Kinder ab fünf zum Tauziehen. Es kann, verkürzt
angefasst, auch als Schwungseil benützt werden.

So ein dickes Seil kann in der Wohnung als «Balancier-
straße» quer durch die Wohnung gelegt werden. Für Kinder
ab fünf es ein schönes Spiel, barfuß oder strümpfig darauf zu
balancieren. Das macht Vergnügen, und es «erdet» wunderbar
und bringt einen zu sich selber. Auch für Erwachsene ist das
schön. Vormachen ist sowieso die bewährteste Methode, die
Kinder zum Nachahmen einlädt.

SCHAUKEL

Das Schaukeln gehört ebenfalls zu den wichtigen Spielen. Beim Hin-und-her-Schwingen pendelt sich alles wieder ein. Gibt es im Flur Platz für eine Schaukel – oder wenigstens eine Kletterleiter? Im Garten? Kein Platz? Wie wär's mit einem Schaukelpferd? Das wäre ein schönes größeres Geschenk für wohlmeinende Verwandte, die dem Kind gerne etwas Gutes tun wollen.

BALL

Eltern fragen oft: «Was sollen wir denn spielen, wenn wir mit den Kindern draußen sind?» Ein Ball würde genügen. Ein Ball?

«Stimmt, auf die einfachsten Dinge kommt man oft gar nicht mehr», sagen Eltern bei einem Spielnachmittag. Einer ist eben doch darauf gekommen und hat einen mitgebracht. «Übrigens, einen Ball kann man auch fangen», sagt er, und alle lachen. Und dann probieren sie es: einem anderen einen Ball zuwerfen, in der richtigen Höhe, nicht zu fest, sodass er ihn auch fangen kann. Und dann den gefangenen Ball dem Nächsten zuwerfen.

Ballwerfen und -fangen ist heute nicht mehr selbstverständlich und gehört doch zu den schönsten Kinderspielen. Und zu denen, die Sie Ihren Kindern nicht vorenthalten sollten.

Beim Ballspielen werden Bewegungskoordination und Wahrnehmung auf besondere Weise angeregt. Einen Ball kommen sehen, Gliedmaßen und Hände entsprechend führen, den entscheidenden Augenblick abschätzen, um ihn zu fangen, das ist eine der besten Sinnesschulungen. Schon die Kleinsten spielen gerne mit dem Ball. Ein- bis Zweijährige können natürlich noch nicht fangen, aber sie haben schon Freude daran, wenn wir uns auf dem Boden ihnen gegenübersetzen und einen Ball entgegenrollen. Sie wollen dann auch den Ball so gut wie möglich wieder zurückzurollen. Bei diesem spielerischen Hin und Her machen die Kinder – ganz nebenbei – auch eine wichtige soziale Erfahrung: die Erfahrung von Geben und Nehmen.

Mit zweieinhalb Jahren können Kinder schon einen großen Ball fangen: Sie umfassen ihn mit beiden Armen und drücken ihn gegen den Brustkorb. Von dieser Zeit an ist der Ball einer der wichtigsten Spielgegenstände beim Ausflug ins Freie. Jeder gefangene Ball zaubert ein glückliches Lächeln ins Gesicht der Kinder. Sie freuen sich an diesen kleinen, aber wesentlichen Erfolgserlebnissen und an der unbeschwerten gemeinsamen Aktivität. Es ist natürlich wichtig, dass der Abstand zwischen dem Werfenden und dem Fänger nicht zu groß ist und dass wir dem Kind gut zuspielen. Die nicht gefangenen Bälle hindern die Spielfreude nicht, solange die Erwachsenen sie nicht abschätzig kommentieren.

EINE FUSSBANK

Eine Fußbank bzw. ein Schemel ist ein sehr schönes, vielfältiges Spielzeug für Kinder. Daran denkt man oft gar nicht. Und dennoch ist so eine Fußbank einerseits gut zum Draufsetzen und Draufsteigen – und andererseits, zwischendurch, ein geniales Spielzeug: umgedreht als Lastwagen verwendbar oder als Puppenbett und was den Kindern sonst noch einfällt.

«NEIN, DAS KAUFE ICH NICHT»

Das kennt jeder, wenn ein Kind sich eine bestimmte Sache wünscht, die man nicht kaufen will. «Nein, das kaufe ich nicht!» Das Kind jammert: «Alle anderen haben das auch!»
   Höchste Anspannung für Elternnerven. Soll ich nachgeben – nur wegen der anderen Leute? «Sicher nicht», sagt ein Vater. «Ich kaufe doch nicht etwas, was ich selber ablehne, nur weil anderer Leute Kind das hat.» So eine klare Haltung der Eltern ist mehr wert als zähneknirschendes Nachgeben. Kinder brauchen Eltern, die glaubwürdig bleiben. «Ich kaufe es trotzdem nicht!» – «Warum nicht?» – «Weil du mir wichtig bist.» Wer wirklich überzeugt ist, wirkt auch überzeugend. Das verhindert nicht, dass Kinder woanders damit spielen. Doch die Botschaft ist angekommen, dass Eltern bestimmte Qualitätskriterien haben.

Ein Vater: «Das habe ich auch erst lernen müssen. Aus Liebe nein sagen. Dass klingt erst mal grotesk, aber es ist so. Wenn mir mein Kind egal wäre, dann könnte es alles haben. Es würde aus der momentanen Sicht Papi und Mami nett finden, und wir hätten keinen Streit.»

Chemiefreies Spielmaterial

Es gibt heute Unmengen von Kunststoff-Spielzeug – an jeder Ecke zu haben. Oft so preisgünstig, dass es zum Kauf verleitet. Auch Nachbarn, Freunde, Bekannte werden von der Idee ergriffen: «Ach, das nehm' ich noch schnell mit» – und im Nu haben Kinder eine Fülle davon.

Gut gemeint ist nicht immer gut getan. «Macht Plastikspielzeug dick?»:[70] Unter diesem Titel wird in einer Ärztezeitung darauf hingewiesen, dass Kinder ganz besonders empfindlich sind gegenüber Zusatzstoffen wie Weichmacher[71] oder bromierte Flammschutzmittel, die häufig in Plastik- und Plüschspielzeug enthalten sind. Das Gravierende ist, dass die zugesetzten Weichmacher nicht fest an das Material gebunden sind, sondern freigesetzt werden und hormonell wirken, wenn sie vom menschlichen Körper aufgenommen werden und im Blut landen. «Ich würde sagen, wir können zum jetzigen Zeitpunkt nicht behaupten, dass es irgendeine Form von sicherem Plastik gibt»,[72] sagt der renommierte US-Endokrinologe Frederik vom Saal. Das wird nicht gerne gehört. Auf die Entgegnung: «Oh, Sie sind einfach nur ein Panikmacher», erwidert er: «Prüfen Sie die Daten!»

Prüfen Sie die Daten! Das ist die beste Empfehlung für alle, die abwiegeln: «Na, so schlimm wird's schon nicht sein.» Eltern, Erziehungsfachkräfte, Großeltern und alle, die Kindern Spielzeug schenken wollen, können notwendige Informationen zum Thema «Chemie im Spielzeug» unkompliziert unter entsprechender Stichworteingabe erhalten.[73]

Wer sich gegenüber Verwandten und anderen wohlmeinenden Erwachsenen nicht zu sagen traut: «Bitte schenkt kein Plastikspielzeug mehr», kann diese Spielsachen aussortieren (siehe S. 161ff.) oder sich auf ein handfestes Qualitätskriterium stützen – so wie diese Eltern, die sagen:

«Billigplüsch fliegt bei uns sofort in den Müll, das hat sich inzwischen rumgesprochen, und das ist sehr wohltuend, denn jetzt hat jedes Kind nur ein Lieblingsschmusetier, und das ist aus schönem, echtem Material, und damit spielt es auch.»

Schadstoffe im Spielzeug lassen sich vermeiden, wenn Kinder zum Spielen Dinge aus reinen Naturmaterialien bekommen, denn da sind garantiert keine gesundheitsgefährdenden Stoffe enthalten.

«RÄUM SCHÖN AUF»

Und dann dieser Stress jeden Abend: «Räum auf.» Diese Aufforderung an Kinder ist der Klassiker, der oft mit Streit und
Tränen endet. Abend für Abend das gleiche Theater. Dann ist
ja höchste Zeit, mal was zu ändern. Was macht die Sache so
schwierig? Warum ist die allabendliche Aufforderung «Räum
schön auf» nicht von Erfolg gekrönt? Schauen wir uns die
Situation näher an:

*Es ist Abend. Die Mutter hat ihrem Tobias jetzt schon dreimal
gesagt, dass er aufräumen soll. Umsonst. «Er tut es einfach
nicht. Er hört nicht. Es ist zum Verzweifeln», sagt sie. Sie ist
völlig entnervt, weil ihr Kind «so stur» ist. Jetzt scheit sie ihn
an: «Entweder du räumst sofort auf, oder es kommt alles in den
Müll.» Kurz darauf kommt sie mit einem riesigen Müllsack.
«So», sagt sie, «du wolltest es ja nicht anders: Jetzt kommt alles, was noch auf dem Boden liegt, weg.» Sie klaubt die Sachen
auf und füllt den Sack. Der Kleine hilft ihr auch noch dabei.*

*Die Mutter berichtet später, wie sie sich gewundert hat,
dass ihr Sohn sogar noch mitgeholfen hat, seine Sachen in
den Abfallsack zu tun. Als sie ihn am nächsten Morgen fragt:
«Und tut es dir nicht leid um die schönen Spielsachen?», antwortet der Vierjährige tapfer: «Ich bin schon groß. Ich brauch
keine Spielsachen mehr.»*

Aufräumstress ade

Der erste Schritt ist, das Spielzeug im Kinderzimmer zu reduzieren (siehe auch S.161ff.). Angenommen, dies ist bereits geschehen – wie geht dann stressfreies Aufräumen? Hier ein paar wichtige Schritte dahin:

- Rechtzeitig ankündigen: Etwa fünf Minuten, bevor die Aufräumzeit beginnt, ein Glöckchen läuten oder ein Lied singen, pfeifen oder summen. Das stimmt Kinder ein, sich von ihrem Spiel zu lösen.
- Keine Belohnungen, etwa «wenn du schön aufräumst, dann gibt es nachher ein Eis», denn Aufräumen ist eine selbstverständliche Aufgabe, bei der Kinder gerne mitmachen. Es geht ja auch im Spiel und muss gar nicht streng sein. Lassen Sie Ihre Kinder mitwirken beim Aufräumen, sobald sie laufen und frei mit den Händen greifen können. Sie haben dann schon freudige Mithelfer, die das gerne tun. Beginnen Sie nicht erst, wenn das Kind drei, vier oder fünf Jahre alt ist – sondern von klein an! Damit geben Sie ihm Orientierung und einen sicheren Sinn für Ordnung: «Jetzt ist die Spielzeit zu Ende.»
- Selber als Erwachsener mitmachen und mit aufräumen, denn Worte und Mahnungen motivieren kein Kind. Das Vorbild wirkt. Deutlich zeigt sich das an dem Beispiel auf S. 189, als Tobias in dem Moment ins Tun kommt, als die Mutter beginnt, die Sachen in den Sack zu stecken. Bei dieser traurigen Sache hilft er selber mit – ist das nicht seltsam? Nein, denn Kinder sind Nachahmer (siehe S. 37ff). Weil die Mutter es

selber tut, macht das Kind mit. Es ahmt nach. Gelingendes Aufräumen können Sie auch ohne Drama haben, wenn Sie mitmachen: «Wir räumen jetzt auf!» Und wenn Sie dann auch wirklich dabei sind und mitmachen. In wenigen Minuten ist alles erledigt. Und jetzt über das schöne Ergebnis freuen und durchlüften.

- Spieleinladend aufräumen, sodass alles überschaubar ist: Tiere und Figuren «artgerechet», mit dem Kopf nach oben, aufräumen. Die Kiste ist nur für die Bauklötze. Da ist dann klar, was drinnen ist. Ein «Spielsachenverhau» in Kisten, wo Klötze, Figuren und Autos und sonstiges Durcheinander schlummern, ist nicht spieleinladend.

- Aufräumen mit einer magischen Figur. Beispielsweise das «Schellenmanderl». Es ist ein lustiger Geselle, einfach nur aus einem Herrentaschentuch gefertigt: Eine Papierkugel oder einen festgedrückten Knödel Watte oder Wolle in die Mitte des Tuches legen, das Tuch drüberziehen und mit einem Faden abbinden und verknoten. Nun in jeder Ecke des Tuches ein Schellenglöckchen festnähen. Augen und Mund auf den Kopf malen – und fertig ist das Schellenmanderl. Es kommt immer zur Aufräumzeit und bimmelt dann so lustig und ist ganz freundlich: «Was hast du denn da aufgebaut?», fragt es immer und schaut sich alles an, bevor es mit dem Aufräumen losgeht. Und dann geht es hui, husch, husch – ganz lustig und rasch.

ANMERKUNGEN

1 Manfred Spitzer (Hirnforscher am Universitätsklinikum Ulm), in: SWR 1, 16.04.2007, 21.00 Uhr, «Was Hänschen nicht lernt …»
2 A. Jean Ayres: *Bausteine der kindlichen Entwicklung. Die Bedeutung der Integration der Sinne für die Entwicklung des Kindes*, Berlin ²1992.
3 «Immer mehr Zappelphilipp-Diagnosen», in: *Süddeutsche Zeitung*, 30.01.2013.
4 Anja Maier: *Lassen Sie mich durch, ich bin Mutter. Von Edel-Eltern und ihren Bestimmerkindern*, Köln 2011.
5 Kathryn Hirsh-Pasek, Roberta Michnick Golinkoff, Diane Eyer: *Einstein Never Used Flash Cards: How Our Children Really Learn. And Why They Need to Play More and Memorize Less*, Rodale Books: Emmaus, Pennsylvania, 2003.
6 Jean Paul, zitiert nach Helga Lindner, Die Zeit in der Pädagogik? – Die Zeit ist Pädagogik!, in: Martin R. Textor (Hrsg.): *Kindergartenpädagogik. Online-Handbuch*, www.kindergartenpaedagogik.de
7 Interview mit Dr. med. Jost Böning, Experte für Suchtfragen, Bayerische Akademie für Suchtfragen (BAS), in: *Süddeutsche Zeitung*, 29.07.2009.
8 Zitat von Rudolf Steiner (siehe www.gutzitiert.de; ein genauerer Nachweis des Zitats ist leider nicht möglich.)
9 Eckhard Schiffer, Referat am 12.03.2005 auf dem 11. Kongress für Jugendmedizin in Weimar.
10 Emotionelle Erste Hilfe: http://emotionelle-erste-hilfe.org/content/emotionelle-erste-hilfe
11 Siehe unter www.safe-programm.de Oder den Elternkurs: «Das Baby verstehen», siehe www.focus-familie.de
12 Elternstart: http://www.elternstart.de/index.php?cms_site=1&cms_site=2&ueber=9 «Auf den Anfang kommt es an. Ein Kurs für junge Eltern».
13 Zum Beispiel das Buch von Angelika Gregor: *Was unser Baby sagen will*, München: Reinhardt Verlag 2007.
14 Aaron Antonovsky: «Spiel, Berührung und Zuwendung drücken in unendlicher kultureller Vielfalt aus: du bist uns wichtig!», aus ders.: *Salutogenese. Zur Entmystifizierung der Gesundheit*, Tübingen: dgvt-Verlag 1997.
15 Rudolf Steiner: *Neugestaltung des sozialen Organismus*, GA 330, Dornach 1983, Vortrag vom 18.6.1919, S. 277f.
16 Rosi Fellner, österreichische Biobäuerin in einem Interview in: BR 2, 21.06.2013.
17 Cristina Cevales-Labonde: *Biegepüppchen selbst gemacht*, Stuttgart: Verlag Freies Geistesleben ²2013.

18 Siehe z.B. Angelika Wolk-Gerche: *Das große Buch der Märchenwolle. Herstellen – verarbeiten – gestalten*, Stuttgart: Verlag Freies Geistesleben 2010.

19 Rudolf Steiner: Die Erziehung des Kindes vom Gesichtspunkte der Geisteswissenschaft, in: *Lucifer-Gnosis. Grundlegende Aufsätze zur Anthroposophie und Berichte aus den Zeitschriften «Luzifer» und «Lucifer-Gnosis» 1903 – 1908*, GA 34, Dornach: Rudolf Steiner Verlag [2]1987, S. 328.

20 Zitiert aus: Vorlesestudie der Deutschen Bahn, der ZEIT und der Stiftung Lesen, http://www.stiftunglesen.de/vorlesestudie-2011

21 Tom Sawyer: *Die Abenteuer des Huckleberry Finn*.

22 Als «Helikopter-Eltern» oder «Hubschrauber-Eltern» werden heute oft Eltern genannt, die ihre Kinder zu sehr überwachen und behüten; im Englischen wird dieser Erziehungsstil oft auch als «Overparenting syndrom» bezeichnet. Siehe auch S. 150.

23 Frei nach Friedrich Schiller, Auszug aus dem Gedicht «Männerwürde!» Im Original heißt es «Ich bin ein Mann …»

24 Studie der Barmer Ersatzkasse, wonach das Krankheitsbild ADHS (Aufmerksamkeitsdefizit-/Hyperaktivitätssyndrom) von 2006 bis 2011 um 42 Prozent zugenommen hat. Drei Viertel der Patienten sind Buben, von denen die meisten vom zehnten bis etwa zum neunzehnten Lebensjahr Ritalin einnehmen müssen.

25 Auszug aus dem Song: «Junge» von «Die Ärzte».

26 Wolfgang Bergmann (Autor des Buchs *Kleine Jungs – große Not*), Interview in: *Eltern.de:* http://www.eltern.de/kleinkind/erziehung/jungen-erziehung.html?cpage=2

27 Gustav Parthey, «Kriegsrecht», zitiert aus: *Was wir gespielt haben. Erinnerungen an die Kinderzeit*, Frankfurt/M.: Insel Verlag 1992.

28 Sina Trinkwalder: http://www.manomama.de/blog/2010/07/27/stuhlkreis-weicheier-selbst-gemacht/

29 Reinhard Mey, Lied: «Menschenjunges».

30 Siehe z.B. Frank Egholm: *Schnitzen mit Kindern – kreativ und einfach*, Stuttgart: Verlag Freies Geistesleben [5]2012.

31 Emmi Pikler, *Miteinander vertraut werden. Erfahrungen und Gedanken zur Pflege von Säuglingen und Kleinkindern*, Freiburg: Arbor-Verlag [4]2005.

32 Beispiele in Christiane Kutik: *Entscheidene Kinderjahre. Ein Handbuch zur Erziehung von 0 bis 7*, Stuttgart: Verlag Freies Geistesleben 2012, Kapitel «Sprechen – singen – klingen».

33 Siehe z.B. Dagmar Fink: *Das Häschen Schnuppernäschen und der böse Bock. Märchen und Gedichte für Kinder von drei bis fünf Jahren*, Stuttgart: Verlag

Freies Geistesleben [6]2012; Dagmar Fink: *Das neugierige Füchslein im Bä-renschloss. Märchen und Gedichte für Kinder von vier bis sieben Jahren*, Stuttgart: Verlag Freies Geistesleben 2006; *Kleine Märchen und Geschichten zum Erzählen und für Puppenspiele*, zusammengestellt von Freya Jaffke, Stuttgart: Verlag Freies Geistesleben [12]2011.

34 Siehe z.B. Lillian Egholm: *Abenteuer für Jungs. Spiele und mehr*, Stuttgart: Verlag Freies Geistesleben [2]2010; Frank Egholm, *Schnitzen mit Kindern – kreativ und einfach*, Stuttgart: Verlag Freies Geistesleben [5]2012.

35 Christel Dhom: *Mit Kindern filzen*, Stuttgart: Verlag Freies Geistesleben [5]2013; Angelika Wolk-Gerche: *Das große Buch der Märchenwolle*, a.a.O. (Anm. 18).

36 Marjorie Taylor: «Imaginary Companions and the Children Who Create them», zitiert aus: *Frankfurter Allgemeine Zeitung*, 18.04.2011: «Phantastische Spielgefährten».

37 Antoine de Saint-Exupéry: *Der kleine Prinz*.

38 Schöne Anregungen finden sich z.B. bei Anne und Peter Thomas: *Das große Ferien- und Freizeitbuch*, Stuttgart: Verlag Freies Geistesleben 2006.

39 Dokumentarfilm «Play again» / DVD siehe unter http://playagainfilm.com/

40 Andreas Weber: «Kinder, raus in die Natur!», in: *GEO Magazin, Zurück auf die Bäume. Das Recht der Kinder auf Wildnis, Freiheit und Natur*, Nr. 8/2010.

41 Günter Anders: *Die Antiquiertheit des Menschen*, München: C. H. Beck Verlag.

42 Rainer Maria Rilke, aus einem Brief an Helmuth Westhoff, 12. November 1901.

43 Alexander Mitscherlich: *Die Unwirtlichkeit unserer Städte. Anstiftung zum Unfrieden*, Frankfurt / M.: edition suhrkamp [4]1999.

44 «Verkrampftes Verhältnis zur Natur», in: *Süddeutsche Zeitung*, 11.08.2011, Wissen.

45 Siehe Christiane Kutik: *Erziehen mit Gelassenheit*, Stuttgart: Verlag Freies Geistesleben [4]2011, S. 96.

46 Johann Wolfgang Goethe: *Maximen und Reflexionen*, Nr. 1316 (Hamburger Ausgabe).

47 Siehe dazu Anmerkung 22.

48 Hermann Hesse: *Lektüre für Minuten. Gedanken aus seinen Büchern und Briefen*, Frankfurt / M.: Suhrkamp Verlag.

49 Renate Zimmer: «Zu wenig Bewegung – zu viel Gewicht!», in: *Die Deutsche Liga für das Kind*, 4/2003: http://www.liga-kind.de/fruehe/403_zimmer.php

50 So die Schauspielerin und Kabarettistin Lisa Fitz in ihrem aktuellen Kaba-
rettprogramm «Mut. Vom Hasen zum Löwen.»

51 Siehe z.B. Manfred Spitzer: *Vorsicht Bildschirm! Elektronische Medien, Ge-
hirnentwicklung, Gesundheit und Gesellschaft*, München: dtv 2006; Rainer
Patzlaff: *Der gefrorene Blick. Bildschirmmedien und die Entwicklung des
Kindes*, Stuttgart: Verlag Freies Geistesleben 2013; Andreas Neider: *Medien-
balance. Erziehen im Gleichgewicht mit der Medienwelt. Ein Elternratgeber*,
Stuttgart: Verlag Freies Geistesleben 2008; Andreas Neider: *Aufmerksam-
keitsdefizite. Wie das Internet unser Bewusstsein korrumpiert und was wir
dagegen tun können*, Stuttgart: Verlag Freies Geistesleben 2013.

52 Siehe Christiane Kutik, *Das Jahreszeitenbuch. Anregungen zum Spielen,
Basteln und Erzählen. Gedichte, Lieder und Rezepte zum Jahreslauf*, Stuttgart: Verlag Freies Geistesleben [11]2011.

53 Siehe Christiane Kutik, *Das Kinderfestebuch. Anregungen, Spiele, Lieder,
Bastel- und Rezeptvorschläge zur Gestaltung von Kinder- und Geburtstagsfesten*, Stuttgart: Verlag Freies Geistesleben [4]2010.

54 Nach einer mündlichen Darstellung von Dieter Hildebrandt.

55 Jean Paul, zitiert nach Doris Probst: *Weisheiten und Torheiten über Kinder.
Zitate berühmter Leute in Wort und Bild*, Norderstedt: Grin Verlag 2001,
S. 47.

56 Rudolf Steiner: Die Erziehung des Kindes vom Gesichtspunkte der Geisteswissenschaft, a.a.O. (Anm. 19), S. 325.

57 Barry Sanders: *Der Verlust der Sprachkultur*, Frankfurt / M.: S. Fischer
Verlag [3]1995.

58 Arno Stern: Gründer von «Der Malort», siehe http://www.arnostern.com/
de/malort.htm

59 Arno Stern: *Wie man Kinderbilder nicht betrachten soll*, München: ZS
Verlag Zabert Sandmann 2012.

60 Siehe z.B. Freya Jaffke: *Holzspielzeug selbst gestalten*, Stuttgart: Verlag
Freies Geistesleben [4]2012; Freya Jaffke: *Spielzeug von Eltern selbst gemacht*,
Stuttgart: Verlag Freies Geistesleben [22]2011.

61 Siehe z.B. Freya Jaffke: *Puppenspiel für und mit Kindern*, Stuttgart: Verlag
Freies Geistesleben [4]2008; Christiane Kutik: *Das Puppenspiel. Praktische An-
leitungen und Geschichten*, Stuttgart: Verlag Freies Geistesleben [2]1995.

62 Einfarbige Spieltücher in verschiedenen Farben gibt es fertig gesäumt zu
kaufen; siehe z.B. www.waldorfshop.eu

63 Näheres dazu siehe in Christiane Kutik: *Das Puppenspielbuch*, a.a.O. (Anm.
61).

64 Beziehbar unter diesem Begriff bei verschiedenen Herstellern; verschiedene Bezugsquellen finden sich z.B. in Angelika Wolk-Gerche: *Das große Buch der Märchenwolle*, a.a.O. (Anm. 18).

65 Siehe z.B. Christel Dhom: *Mit Kindern filzen*, a.a.O. (Anm. 35); Karin Neuschütz: *Filzen mit Seife und Nadel*, Stuttgart: Verlag Freies Geistesleben 2008; Angelika Wolk-Gerche: *Filzen für Groß und Klein. Nützliches und Schönes aus Wolle*, Stuttgart: Verlag Freies Geistesleben ⁵2006.

66 Siehe z.B. Freya Jaffke, *Tiere für Puppenspiele. Wickeltechnik mit Filznadel*, Stuttgart: Verlag Freies Geistesleben 2004; Angelika Wolk-Gerche, *Das große Buch der Märchenwolle*, a.a.O. (Anm. 18).

67 Erhältlich z.B. unter www.stockmar.de

68 Siehe auch Hanne Huber: *Gestalten mit Bienenwachs im Vorschulalter*, Stuttgart: Verlag Freies Geistesleben 2001.

69 Siehe dazu Karin Neuschütz: *Das Puppenbuch. Wie man Puppen selber macht und was sie für Kinder bedeuten*, Stuttgart: Verlag Freies Geistesleben 2012; Karin Neuschütz: *Die Waldorfpuppe. Wie man sie macht – wie man ihre Kleider näht*, Stuttgart: Verlag Freies Geistesleben ⁶2012.

70 *Ärzte Zeitung online*, 20.03.2012.

71 Siehe www.bund.net/fileadmin/bundnet/pdfs/chemie/20120320_dickmachende_weichmacher_bund_hintergrund.pdf

72 Siehe www.plastic-planet.de/hintergrund_plastikistnichtgesund.html.

73 Man beachte z.B. dort (Anm. 72) die Ausführungen von Dr. Peter Germann, Umweltmediziner und AK Sprecher Gesundheit im BUND
Siehe auch www.wecf.eu/download/2010/10/WECF_Spielzeug_web_2010DB.pdf
Oder: www.nestbau.info

309 Seiten,
durchgeh. vierfarbig,
mit zahlr. Fotos, gebunden
mit Schutzumschlag
ISBN 978-3-7725-2495-0

Die ersten sieben Jahre sind die wichtigste Zeit im Leben eines
Menschen. Sie geben ihm eine Signatur auf seinen Weg mit, die
das ganze Leben bleibt. Nie wieder wird so intensiv gelernt wie
in dieser Zeit. Dem Wesen des Kindes kommen wir entgegen,
indem wir auf die Schätze schauen, die es mitbringt: sein unver-
stelltes Interesse; seine natürliche Lust, Neues auszuprobieren,
zu entdecken, zu lernen; sein Drang, aus eigenem Antrieb tätig
zu sein. Es nimmt tief in sich hinein, was es erlebt und fühlt und
was ringsum geschieht. Wer die Entwicklungsgesichtspunkte vor
Augen hat, kann den Alltag mit Kindern kindgemäß gestalten
und mit Freude erziehen. Christiane Kutik gibt dafür viele unent-
behrliche Hilfestellungen und praktische Beispiele.

Verlag Freies Geistesleben

5. Auflage · 154 Seiten,
durchgeh. vierfarbig,
mit zahlr. Fotos, gebunden
mit Schutzumschlag
ISBN 978-3-7725-2512-4

Die Anforderungen, die im Alltag mit Kindern auftauchen, sind
oft viel umfassender, als wir uns das vorgestellt haben. In keiner
Familie verläuft alles immer harmonisch und glatt. Wer war nicht
schon erleichtert, wenn er erlebt hat, dass es auch woanders mal
drunter und drüber geht. «Wie bei uns!», sagen wir dann.
Es gibt sie kaum, die geborenen Eltern, die von Anfang an alles
richtig machen. Und das ist auch gut so. Eltern sein ist höchste
Entwicklungszeit – auch für die eigene Persönlichkeit. Sie bedeutet nicht nur Erziehung, sondern auch Selbsterziehung auf allen
Ebenen. Ein neues Selbstverständnis und Selbstbewusstsein ist
hier gefragt.

Verlag Freies Geistesleben

11. Auflage · 320 Seiten
300 Abbildungen, Anregungen zum
Spielen, Basteln und Erzählen –
Gedichte, Lieder und Rezepte zum
Jahreslauf, durchgehend illustriert,
gebunden
ISBN 978-3-7725-0884-4

Dieses Buch ist ein Begleiter durch das Jahr. Es möchte Eltern
und Erziehern Anregungen zu praktischen Tätigkeiten mit den
Kindern geben und zeigen, wie die Jahresfeste gemeinsam mit den
Kindern sinnvoll gestaltet werden können. Dabei wird der Jahreslauf in unserem Erleben zu einem lebendigen Organismus – jeg-
liches Spiel, jede Mahlzeit, jede kleine Geschichte bekommt durch
die Einordnung in den Jahreslauf und den Bezug zu den Jahres-
festen einen tieferen Sinn.

Verlag Freies Geistesleben

4. Auflage · 280 Seiten,
durchgeh. vierfarbig,
gebunden
ISBN 978-3-7725-1537-8

Endlich entspannt einen Kindergeburtstag feiern!
Praktische Anregungen, Spiele, Lieder, Rezept- und Bastelvor-
schläge zur Gestaltung von Kinder- und Geburtstagsfesten. Auch
wer sich noch niemals daran gewagt hat, selbst ein Fest zu gestalten oder wer Kinderfeste bisher nur als Chaos erlebt hat, dem wird
hier Mut gemacht, es doch einmal selbst zu versuchen.

Verlag Freies Geistesleben

254 Seiten, gebunden mit
Schutzumschlag
Mit Beiträgen von Johannes
Denger, Peter Guttenhöfer, Werner
Kuhfuss, Manfred Schulze und
Albert Vinzenz
ISBN 978-3-7725-2468-4

In den gegenwärtigen Bildungsplänen für Kindergärten und
Kindertagesstätten wird vor allem das Lernen und Experimentieren in den Blick genommen und das Schuleintrittsalter vor-
verlegt, das Spiel in seinen verschiedenen Facetten dagegen
vernachlässigt. Dabei ist das ungebundene Spielen für Kinder der
entscheidende Freiraum, in dem sie sich entfalten und entwickeln
können, unbeeinflusst von Vorgaben der Erwachsenen.
Die Autoren bieten Anregungen und Gesichtspunkte für eine
Erziehung, die auf die Bedeutung des Spiels setzt und das he-
ranwachsende Kind in seinem individuellen Entwicklungsweg
fördert.

Verlag Freies Geistesleben

179 Seiten, gebunden
ISBN 978-3-7725-2164-5

Henning Köhler zeigt auf, dass die Schwierigkeiten der Kinder im Grunde die Schwierigkeiten der Erwachsenen und die zunehmende Entfremdung in unserer Umwelt sind. Er stellt herkömmliche Erklärungsmuster in Frage und plädiert für eine am Kind, weniger am Willen der Erwachsenen orientierte Pädagogik. Ein wichtiges Buch für alle Eltern.

Verlag Freies Geistesleben